# 通志堂經解書題索引

## 〔附翁方綱經解目錄〕

陳柾治　謝慧暹

編

文史哲出版社

印　行

國立中央圖書館出版品預行編目資料

通志堂經解書題索引 / 陳柾治，謝慧暹編. --
初版. -- 臺北市 ：文史哲，民84
　　面 ；　公分
ISBN 957-547-982-3(精裝)

1. 經學

098

通志堂經解書題索引

編　　者：：陳柾治・謝慧暹
出　版　者：文史哲出版社
登記證字號：行政院新聞局局版臺業字五三三七號
發行人：：彭　　　正　雄
發　行　所：文史哲出版社
印　刷　者：文史哲出版社
　　　台北市羅斯福路一段七十二巷四號
　　　郵撥〇五一二八八一二彭正雄帳戶
　　　電話：：三　五　一　一　〇　二　八

中華民國八十四年十二月初版

實價新台幣四〇〇元

# 通志堂經解書題索引

# 目　錄

一、敘例・・・・・・・・・・・・・　3

二、筆劃檢字表・・・・・・・・・・　5

三、音序檢字表・・・・・・・・・・　21

四、作者姓氏檢字表・・・・・・・・　37

五、諸經分類表・・・・・・・・・・　61

六、附錄翁方綱經解目錄・・・・・・　81

# 敘　例

　　《通志堂經解》原名《九經解》。清、徐學乾輯，彙集唐、宋、元、明、清人解經之書，凡一百三十八種，計一千八百六十卷。清、納蘭成(性)德匯刻，康熙十九年(西元1680)刊行。此書上承《十三經注疏》，下導《皇清經解》，為研究唐、宋、元、明諸代經學之重要文獻。

　　本索引之編寫，旨在提供讀者多方檢索《通志堂經解》書題之便，故編為四種檢索方式，而以台灣大通書局印行《通志堂經解》及台北漢京文化事業有限公司印行《通志堂經解》為準：

一、「筆劃檢字表」供按書題字頭筆劃多寡查書題之用。筆劃少者在先，筆劃多者在後，依序編列。筆劃相同者，則依作者時代之前後編列。

二、「音序檢字表」供按書題字頭音查書題之用。字音以常見讀音為準，依拼音字母順序編列。

三、「作者姓氏檢字表」供按作者姓氏查其著作之用。姓氏筆劃少者在先，筆劃多者在後，依序編列。筆劃相同者，則依作者時代前後編列。或有極少數姓氏不詳者，以「失名」從之。

四、「諸經分類表」供按諸經分類查書題之用。諸經分類從「漢京版」依次為：《易》、《書》、《詩》、《春秋》、《三禮》、《孝經》、《論語》、《孟子》、《四書》、《諸經總類》。

五、頁首刊頭「總碼」以《通志堂經解》原書新編總頁碼為準。「翁氏目錄」項下之「頁次」及「序號」，則以本索引之頁碼為準。

本索引之編纂，係賡續前所編《皇清經解正續編書題索引》（台北文史哲出版社印行）。至是，經學叢書雙璧之索引，始底成焉。是編，乃利用課餘之暇，間續綴編而成，自不免或有舛誤之處，尚祈博雅君子，不吝匡正。

　　　　　　　　　　　陳柾治　謝慧暹
　　　　　　　　　　　　識
　　　　　　　　　　　　　1995年12月2日

# 筆劃檢字表

| 【 2 劃 】 | 【 5 劃 】 | 東　12 | 詩　17 |
|---|---|---|---|
| 七　7 | 丙　8 | 初　12 | 【 14 劃 】 |
| 十　7 | 古　8 | 【 9 劃 】 | 漢　17 |
| 【 3 劃 】 | 四　9 | 南　13 | 【 15 劃 】 |
| 三　7 | 石　9 | 春　13 | 儀　18 |
| 大　7 | 【 6 劃 】 | 禹　16 | 增　18 |
| 子　7 | 合　9 | 【 10 劃 】 | 論　18 |
| 【 4 劃 】 | 【 7 劃 】 | 夏　16 | 【 16 劃 】 |
| 五　7 | 孝　9 | 書　16 | 學　18 |
| 今　7 | 【 8 劃 】 | 【 12 劃 】 | 橫　18 |
| 六　7 | 周　10 | 紫　17 | 盧　18 |
| 太　8 | 孟　11 | 童　17 | 【 18 劃 】 |
| 文　8 | 定　11 | 復　17 | 禮　18 |
| 毛　8 | 尚　11 | 【 13 劃 】 | 【 22 劃 】 |
| 水　8 | 易　12 | 經　17 | 讀　19 |

| 通志堂經解 | | | 大通版 | | 漢京版 | | 翁氏目錄 | |
|---|---|---|---|---|---|---|---|---|
| 書　　題 | 代 | 作者 | 冊 | 總碼 | 冊 | 總碼 | 頁次 | 序號 |
| 七經小傳 | 宋 | 劉　敞 | 40 | 22989 | 40 | 23087 | 107 | 133 |
| 十一經問對 | 元 | 何異孫 | 40 | 23287 | 40 | 23385 | 108 | 137 |
| 三易備遺 | 宋 | 朱元昇 | 4 | 1831 | 4 | 1847 | 86 | 18 |
| 三禮圖集注 | 宋 | 聶崇義 | 28 | 15518 | 28 | 15617 | 101 | 103 |
| 大易緝說 | 元 | 王申子 | 5 | 2427 | 5 | 2443 | 86 | 23 |
| 大易集說 | 元 | 俞　琰 | 7 | 3525 | 7 | 3625 | 87 | 28 |
| 大易象數鉤深圖 | 元 | 張　理 | 9 | 5013 | 9 | 5111 | 89 | 39 |
| 子夏易傳 | 唐 | 張　孤 | 1 | 21 | 1 | 1 | 83 | 1 |
| 五經蠡測 | 明 | 蔣悌生 | 40 | 23355 | 40 | 23453 | 109 | 138 |
| 今文尚書纂言 | 元 | 吳　澄 | 14 | 8285 | 14 | 8383 | 92 | 52 |
| 六經奧論 | 宋 | 鄭　樵 | 40 | 23023 | 40 | 23119 | 107 | 134 |

| 通志堂經解 | | | 大通版 | | 漢京版 | | 翁氏目錄 | |
|---|---|---|---|---|---|---|---|---|
| 書　　題 | 代 | 作者 | 冊 | 總碼 | 冊 | 總碼 | 頁次 | 序號 |
| 六經正誤 | 宋 | 毛居正 | 40 | 23117 | 40 | 23213 | 108 | 135 |
| 太平經國之書 | 宋 | 鄭伯謙 | 33 | 18825 | 33 | 18925 | 104 | 109 |
| 文公易說 | 宋 | 朱　鑒 | 4 | 2047 | 4 | 2063 | 86 | 22 |
| 文公詩傳遺說 | 宋 | 朱　鑒 | 17 | 9969 | 17 | 10067 | 94 | 65 |
| 毛詩指說 | 唐 | 成伯瑜 | 16 | 9103 | 16 | 9201 | 93 | 59 |
| 毛詩本義 | 宋 | 歐陽修 | 16 | 9111 | 16 | 9209 | 93 | 60 |
| 毛詩集解 | 宋 | 李　樗 | 16 | 9217 | 16 | 9315 | 94 | 61 |
| 毛詩名物解 | 宋 | 蔡元度 | 17 | 9865 | 17 | 9963 | 94 | 62 |
| 毛詩解頤 | 明 | 朱　善 | 18 | 10635 | 18 | 10733 | 95 | 69 |
| 水村易鏡 | 宋 | 林光世 | 4 | 2011 | 4 | 2027 | 86 | 21 |
| 丙子學易編 | 宋 | 李心傳 | 4 | 1969 | 4 | 1985 | 86 | 19 |
| 古周易 | 宋 | 呂祖謙 | 3 | 1419 | 3 | 1435 | 84 | 11 |

| 通 志 堂 經 解 | | | 大通版 | | 漢京版 | | 翁氏目錄 | |
|---|---|---|---|---|---|---|---|---|
| 書　　　題 | 代 | 作　者 | 冊 | 總碼 | 冊 | 總碼 | 頁次 | 序號 |
| 四書纂疏 | 宋 | 趙順孫 | 36 | 20397 | 36 | 20495 | 106 | 124 |
| 四書集編 | 宋 | 真德秀 | 37 | 20951 | 37 | 21049 | 106 | 125 |
| 四書通 | 元 | 胡炳文 | 37 | 21203 | 37 | 21303 | 106 | 126 |
| 四書通證 | 元 | 張存中 | 38 | 21667 | 38 | 21767 | 106 | 127 |
| 四書纂箋 | 元 | 詹道傳 | 38 | 21753 | 38 | 21853 | 106 | 128 |
| 四書通旨 | 元 | 朱公遷 | 39 | 22165 | 39 | 22265 | 107 | 129 |
| 四書辨疑 | 元 | 失　名 | 39 | 22293 | 39 | 22393 | 107 | 130 |
| 石林春秋傳 | 宋 | 葉夢得 | 21 | 11819 | 21 | 11917 | 96 | 79 |
| 合訂刪補大易集義粹言 | 清 | 納蘭成德 | 10 | 5267 | 10 | 5365 | 89 | 39 |
| 孝經注解 | 唐 | 玄　宗 | 35 | 19773 | 35 | 19873 | 105 | 115 |
| 孝經句解 | 元 | 朱　申 | 35 | 19789 | 35 | 19889 | 105 | 118 |

| 通 志 堂 經 解 | | | 大通版 | | 漢京版 | | 翁氏目錄 | |
|---|---|---|---|---|---|---|---|---|
| 書 題 | 代 | 作 者 | 冊 | 總碼 | 冊 | 總碼 | 頁次 | 序號 |
| 孝經大義 | 元 | 董 鼎 | 35 | 19799 | 35 | 19900 | 105 | 116 |
| 孝經定本 | 元 | 吳 澄 | 35 | 19813 | 35 | 19913 | 105 | 117 |
| 周易義海撮要 | 宋 | 李 衡 | 2 | 693 | 2 | 709 | 84 | 8 |
| 周易裨傳 | 宋 | 林 至 | 3 | 1441 | 3 | 1457 | 85 | 13 |
| 周易玩辭 | 宋 | 項安世 | 3 | 1551 | 3 | 1567 | 85 | 16 |
| 周易輯聞 | 宋 | 趙汝楳 | 5 | 2651 | 5 | 2667 | 87 | 25 |
| 周易傳義附錄 | 宋 | 董 楷 | 6 | 2850 | 6 | 2915 | 87 | 24 |
| 周易本義附錄纂注 | 元 | 胡一桂 | 7 | 3847 | 7 | 3947 | 88 | 29 |
| 周易啓蒙翼傳 | 元 | 胡一桂 | 7 | 3971 | 7 | 4069 | 88 | 30 |
| 周易本義通釋 | 元 | 胡炳文 | 8 | 4129 | 8 | 4227 | 88 | 31 |
| 周易本義集成 | 元 | 熊良輔 | 8 | 4465 | 8 | 4563 | 88 | 33 |

| 通志堂經解 | | | 大通版 | | 漢京版 | | 翁氏目錄 | |
|---|---|---|---|---|---|---|---|---|
| 書　　題 | 代 | 作　者 | 冊 | 總碼 | 冊 | 總碼 | 頁次 | 序號 |
| 周易會通 | 元 | 董真卿 | 9 | 4607 | 9 | 4705 | 88 | 34 |
| 周易參義 | 元 | 梁　寅 | 9 | 5085 | 9 | 5183 | 89 | 38 |
| 周禮訂義 | 宋 | 王與之 | 28 | 15621 | 28 | 15721 | 101 | 104 |
| 孟子集疏 | 宋 | 蔡　模 | 35 | 20261 | 35 | 20361 | 106 | 122 |
| 孟子音義 | 宋 | 孫　奭 | 35 | 20385 | 35 | 20483 | 106 | 123 |
| 定正洪範集說 | 元 | 胡一中 | 15 | 9069 | 15 | 9167 | 93 | 58 |
| 尚書全解 | 宋 | 林之奇 | 11 | 6367 | 11 | 6465 | 90 | 41 |
| 尚書說 | 宋 | 黃　度 | 12 | 7125 | 12 | 7223 | 90 | 44 |
| 尚書表注 | 元 | 金履祥 | 13 | 7841 | 13 | 7939 | 92 | 49 |
| 尚書纂傳 | 元 | 王天與 | 13 | 7885 | 13 | 7983 | 92 | 50 |
| 尚書句解 | 元 | 朱祖義 | 14 | 8621 | 14 | 8719 | 92 | 54 |
| 尚書通考 | 元 | 黃鎮成 | 15 | 8855 | 15 | 8953 | 92 | 56 |

| 通 志 堂 經 解 | | | 大通版 | | 漢京版 | | 翁氏目錄 | |
|---|---|---|---|---|---|---|---|---|
| 書　　題 | 代 | 作者 | 冊 | 總碼 | 冊 | 總碼 | 頁次 | 序號 |
| 易數鉤隱圖 | 宋 | 劉　牧 | 1 | 120 | 1 | 101 | 83 | 2 |
| 易學 | 宋 | 王　湜 | 1 | 199 | 1 | 215 | 83 | 4 |
| 易璇璣 | 宋 | 吳　沆 | 2 | 667 | 2 | 683 | 83 | 7 |
| 易小傳 | 宋 | 沈　該 | 3 | 1207 | 3 | 1223 | 84 | 9 |
| 易圖說 | 宋 | 吳仁傑 | 3 | 1453 | 3 | 1469 | 85 | 14 |
| 易學啓蒙通釋 | 宋 | 胡方平 | 3 | 1487 | 3 | 1503 | 85 | 15 |
| 易學啓蒙小傳 | 宋 | 稅與權 | 4 | 1989 | 4 | 2005 | 86 | 20 |
| 易纂言 | 元 | 吳　澄 | 8 | 4345 | 8 | 4443 | 88 | 32 |
| 易圖通變 | 元 | 雷思齊 | 9 | 4927 | 9 | 5025 | 89 | 35 |
| 易象圖說 | 元 | 張　理 | 9 | 4959 | 9 | 5057 | 89 | 36 |
| 東谷易翼傳 | 宋 | 鄭汝諧 | 3 | 1743 | 3 | 1759 | 85 | 17 |
| 初學尙書詳解 | 宋 | 胡士行 | 13 | 7725 | 13 | 7821 | 81 | 48 |

| 通 志 堂 經 解 | | | 大通版 | | 漢京版 | | 翁氏目錄 | |
|---|---|---|---|---|---|---|---|---|
| 書　　題 | 代 | 作　者 | 冊 | 總碼 | 冊 | 總碼 | 頁次 | 序號 |
| 南軒論語解 | 宋 | 張　栻 | 35 | 19825 | 35 | 19927 | 105 | 119 |
| 南軒孟子說 | 宋 | 張　栻 | 35 | 20085 | 35 | 20185 | 105 | 121 |
| 春秋尊王發微 | 宋 | 孫　復 | 19 | 10725 | 19 | 10823 | 95 | 70 |
| 春秋皇綱論 | 宋 | 王　皙 | 19 | 10831 | 19 | 10929 | 95 | 71 |
| 春秋傳 | 宋 | 劉　敞 | 19 | 10863 | 19 | 10961 | 95 | 72 |
| 春秋權衡 | 宋 | 劉　敞 | 19 | 10965 | 19 | 11063 | 96 | 73 |
| 春秋意林 | 宋 | 劉　敞 | 19 | 11127 | 19 | 11225 | 96 | 74 |
| 春秋名號歸一圖 | 宋 | 馮繼元 | 19 | 11177 | 19 | 11275 | 96 | 75 |
| 春秋臣傳 | 宋 | 王　當 | 20 | 11203 | 20 | 11301 | 96 | 76 |
| 春秋本例 | 宋 | 崔子方 | 20 | 11355 | 20 | 11453 | 96 | 77 |
| 春秋經筌 | 宋 | 趙鵬飛 | 20 | 11453 | 20 | 11551 | 96 | 78 |

| 通 志 堂 經 解 | | | 大通版 | | 漢京版 | | 翁氏目錄 | |
|---|---|---|---|---|---|---|---|---|
| 書　　題 | 代 | 作　者 | 冊 | 總碼 | 冊 | 總碼 | 頁次 | 序號 |
| 春秋後傳 | 宋 | 陳傅良 | 21 | 12023 | 21 | 12121 | 97 | 80 |
| 春秋集傳 | 宋 | 呂祖謙 | 21 | 12122 | 21 | 12220 | 97 | 81 |
| 春秋左氏傳說 | 宋 | 呂祖謙 | 22 | 12577 | 22 | 12675 | 97 | 82 |
| 春秋左氏傳事類始末 | 宋 | 章　沖 | 22 | 12697 | 22 | 12795 | 97 | 83 |
| 春秋提綱 | 宋 | 陳則通 | 22 | 12858 | 22 | 12956 | 97 | 84 |
| 春秋王霸列國世紀編 | 宋 | 李　琪 | 22 | 12922 | 22 | 13020 | 98 | 85 |
| 春秋通說 | 宋 | 黃仲炎 | 23 | 12984 | 23 | 13083 | 98 | 86 |
| 春秋集注 | 宋 | 張　洽 | 23 | 13114 | 23 | 13214 | 98 | 87 |
| 春秋或問 | 宋 | 呂大圭 | 23 | 13221 | 23 | 13321 | 98 | 88 |
| 春秋五論 | 宋 | 呂大圭 | 23 | 13398 | 23 | 13497 | 98 | 89 |

| 通 志 堂 經 解 | | | 大通版 | | 漢京版 | | 翁氏目錄 | |
|---|---|---|---|---|---|---|---|---|
| 書　　題 | 代 | 作　者 | 冊 | 總碼 | 冊 | 總碼 | 頁次 | 序號 |
| 春秋集傳詳說 | 宋 | 家鉉翁 | 24 | 13411 | 24 | 13511 | 98 | 90 |
| 春秋經傳類對賦 | 宋 | 徐晉卿 | 24 | 13791 | 24 | 13891 | 98 | 91 |
| 春秋諸國統紀 | 元 | 齊履謙 | 24 | 13807 | 24 | 13907 | 99 | 92 |
| 春秋本義 | 元 | 程端學 | 25 | 13855 | 25 | 13955 | 99 | 93 |
| 春秋或問 | 元 | 程端學 | 25 | 14256 | 25 | 14356 | 99 | 94 |
| 春秋集傳 | 元 | 趙　汸 | 25 | 14386 | 25 | 14486 | 100 | 95 |
| 春秋屬辭 | 元 | 趙　汸 | 26 | 14577 | 26 | 14677 | 100 | 96 |
| 春秋師說 | 元 | 趙　汸 | 26 | 14817 | 26 | 14917 | 100 | 97 |
| 春秋左氏傳補注 | 元 | 趙　汸 | 26 | 14873 | 26 | 14973 | 100 | 98 |
| 春秋諸傳會通 | 元 | 李　廉 | 26 | 14925 | 26 | 15025 | 100 | 99 |

| 通 志 堂 經 解 | | | 大通版 | | 漢京版 | | 翁氏目錄 | |
|---|---|---|---|---|---|---|---|---|
| 書　　題 | 代 | 作　者 | 冊 | 總碼 | 冊 | 總碼 | 頁次 | 序號 |
| 春秋集傳釋義大成 | 元 | 俞　皋 | 27 | 15177 | 27 | 15277 | 100 | 100 |
| 春王正月考 | 明 | 張以寧 | 27 | 15477 | 27 | 15577 | 101 | 102 |
| 禹貢論 | 宋 | 程大昌 | 12 | 7025 | 12 | 7123 | 90 | 42 |
| 禹貢集解 | 宋 | 傅　寅 | 13 | 7623 | 13 | 7721 | 91 | 47 |
| 夏小正戴氏傳 | 宋 | 傅崧卿 | 33 | 18893 | 33 | 18993 | 104 | 110 |
| 書古文訓 | 宋 | 薛季宣 | 11 | 6203 | 11 | 6301 | 90 | 40 |
| 書疑 | 宋 | 王　柏 | 13 | 7503 | 13 | 7601 | 90 | 45 |
| 書集傳或問 | 宋 | 陳大猷 | 13 | 7557 | 13 | 7655 | 91 | 46 |
| 書蔡氏傳輯錄纂注 | 元 | 董　鼎 | 14 | 8107 | 14 | 8205 | 92 | 51 |
| 書蔡氏傳旁通 | 元 | 陳師凱 | 14 | 8437 | 14 | 8535 | 92 | 53 |

| 通　志　堂　經　解 | | | 大通版 | | 漢京版 | | 翁氏目錄 | |
|---|---|---|---|---|---|---|---|---|
| 書　　題 | 代 | 作　者 | 冊 | 總碼 | 冊 | 總碼 | 頁次 | 序號 |
| 書集傳纂疏 | 元 | 陳　櫟 | 15 | 8695 | 15 | 8793 | 92 | 55 |
| 紫巖易傳 | 宋 | 張　浚 | 1 | 221 | 1 | 237 | 83 | 5 |
| 童溪易傳 | 宋 | 王宗傳 | 2 | 901 | 2 | 917 | 84 | 12 |
| 復齋易說 | 宋 | 趙彥肅 | 3 | 1367 | 3 | 1383 | 84 | 10 |
| 經典釋文 | 唐 | 陸德明 | 40 | 22531 | 40 | 22629 | 107 | 132 |
| 經禮補逸 | 元 | 汪克寬 | 34 | 19387 | 34 | 19487 | 104 | 113 |
| 經說 | 宋 | 熊朋來 | 40 | 23207 | 40 | 23303 | 108 | 136 |
| 詩說 | 宋 | 張　耒 | 17 | 9941 | 17 | 10039 | 94 | 63 |
| 詩疑 | 宋 | 王　柏 | 17 | 9947 | 17 | 10045 | 94 | 64 |
| 詩補傳 | 宋 | 失　名 | 17 | 10047 | 17 | 10145 | 94 | 66 |
| 詩集傳名物鈔 | 元 | 許　謙 | 18 | 10389 | 18 | 10487 | 95 | 67 |
| 詩經疑問 | 元 | 朱　倬 | 18 | 10589 | 18 | 10687 | 95 | 68 |

| 通 志 堂 經 解 | | | 大通版 | | 漢京版 | | 翁氏目錄 | |
|---|---|---|---|---|---|---|---|---|
| 書　　題 | 代 | 作　者 | 冊 | 總碼 | 冊 | 總碼 | 頁次 | 序號 |
| 漢上易傳 | 宋 | 朱　震 | 1 | 421 | 1 | 437 | 83 | 6 |
| 儀禮圖 | 宋 | 楊　復 | 29 | 16497 | 29 | 16597 | 102 | 106 |
| 儀禮集說 | 元 | 敖繼公 | 33 | 18905 | 33 | 19005 | 104 | 111 |
| 儀禮逸經傳 | 元 | 吳　澄 | 34 | 19363 | 34 | 19463 | 104 | 112 |
| 增修東萊書說 | 宋 | 時　瀾 | 12 | 7213 | 12 | 7311 | 90 | 43 |
| 論語集說 | 宋 | 蔡　節 | 35 | 19931 | 35 | 20033 | 105 | 120 |
| 學易記 | 元 | 李　簡 | 6 | 3265 | 6 | 3365 | 87 | 26 |
| 學庸集說啓蒙 | 元 | 景　星 | 39 | 22457 | 39 | 22557 | 107 | 131 |
| 橫渠易說 | 宋 | 張　載 | 1 | 121 | 1 | 137 | 83 | 3 |
| 廬齋考工記解 | 宋 | 林希逸 | 29 | 16409 | 29 | 16509 | 101 | 105 |
| 禮記集說 | 宋 | 衛　湜 | 30 | 16751 | 30 | 16851 | 102 | 107 |
| 禮經會元 | 宋 | 葉　時 | 33 | 18683 | 33 | 18783 | 104 | 108 |

| 通 志 堂 經 解 | | | 大通版 | | 漢京版 | | 翁氏目錄 | |
|---|---|---|---|---|---|---|---|---|
| 書 題 | 代 | 作 者 | 冊 | 總碼 | 冊 | 總碼 | 頁次 | 序號 |
| 禮記陳氏集說補正 | 清 | 納蘭成德 | 34 | 19467 | 34 | 19567 | 104 | 114 |
| 讀易私言 | 元 | 許 衡 | 6 | 3517 | 6 | 3617 | 87 | 27 |
| 讀春秋編 | 元 | 陳 深 | 27 | 15369 | 27 | 15469 | 100 | 101 |
| 讀書管見 | 元 | 王充耘 | 15 | 9017 | 15 | 9115 | 93 | 57 |

# 音序檢字表

| 【 B 】 | | | 【 L 】 | | | tai、 | 太 | 32 |
|---|---|---|---|---|---|---|---|---|
| bingˇ | 丙 | 23 | liu、 | 六 | 27 | tongˊ | 童 | 32 |
| 【 CH 】 | | | lunˊ | 論 | 28 | 【 U 】 | | |
| chu | 初 | 23 | liˇ | 禮 | 28 | wuˇ | 五 | 32 |
| chun | 春 | 23 | 【 M 】 | | | wenˊ | 文 | 32 |
| 【 D 】 | | | maoˊ | 毛 | 28 | 【 X 】 | | |
| da、 | 大 | 26 | meng、 | 孟 | 28 | xiao、 | 孝 | 32 |
| ding、 | 定 | 26 | 【 N 】 | | | xia、 | 夏 | 32 |
| dong | 東 | 26 | nanˊ | 南 | 29 | xueˊ | 學 | 32 |
| duˊ | 讀 | 26 | 【 Q 】 | | | 【 Y 】 | | |
| 【 F 】 | | | qi | 七 | 29 | yi、 | 易 | 33 |
| fu、 | 復 | 27 | 【 S 】 | | | yiˊ | 儀 | 34 |
| 【 G 】 | | | san | 三 | 29 | 【 YU 】 | | |
| guˇ | 古 | 27 | si、 | 四 | 29 | yuˇ | 禹 | 34 |
| 【 H 】 | | | 【 SH 】 | | | 【 Z 】 | | |
| heˊ | 合 | 27 | shiˊ | 十 | 30 | ziˇ | 子 | 34 |
| han、 | 漢 | 27 | shuiˇ | 水 | 30 | ziˇ | 紫 | 34 |
| hengˊ | 橫 | 27 | shiˊ | 石 | 30 | zeng | 增 | 34 |
| 【 J 】 | | | shang、 | 尚 | 30 | 【 ZH 】 | | |
| jin | 今 | 27 | shu | 書 | 31 | zhou | 周 | 34 |
| jing | 經 | 27 | shi | 詩 | 31 | | | |
| juan、 | 鐫 | 27 | 【 T 】 | | | | | |

| 通 志 堂 經 解 | | | 大通版 | | 漢京版 | | 翁氏目錄 | |
|---|---|---|---|---|---|---|---|---|
| 書　　　題 | 代 | 作 者 | 冊 | 總碼 | 冊 | 總碼 | 頁次 | 序號 |
| 丙子學易編 | 宋 | 李心傳 | 4 | 1969 | 4 | 1985 | 86 | 19 |
| 初學尙書詳解 | 宋 | 胡士行 | 13 | 7725 | 13 | 7821 | 85 | 17 |
| 春秋尊王發微 | 宋 | 孫　復 | 19 | 10725 | 19 | 10823 | 95 | 70 |
| 春秋皇綱論 | 宋 | 王　晳 | 19 | 10831 | 19 | 10929 | 95 | 71 |
| 春秋傳 | 宋 | 劉　敞 | 19 | 10863 | 19 | 10961 | 95 | 72 |
| 春秋權衡 | 宋 | 劉　敞 | 19 | 10965 | 19 | 11063 | 96 | 73 |
| 春秋意林 | 宋 | 劉　敞 | 19 | 11127 | 19 | 11225 | 96 | 74 |
| 春秋名號歸一圖 | 宋 | 馮繼元 | 19 | 11177 | 19 | 11275 | 96 | 75 |
| 春秋臣傳 | 宋 | 王　當 | 20 | 11203 | 20 | 11301 | 96 | 76 |
| 春秋本例 | 宋 | 崔子方 | 20 | 11355 | 20 | 11453 | 96 | 77 |
| 春秋經筌 | 宋 | 趙鵬飛 | 20 | 11453 | 20 | 11551 | 96 | 78 |

春【 chun 】

| 通志堂經解 | | | | 大通版 | | 漢京版 | | 翁氏目錄 | |
|---|---|---|---|---|---|---|---|---|---|
| 書　　題 | 代 | 作　者 | 冊 | 總碼 | 冊 | 總碼 | 頁次 | 序號 |
| 春秋後傳 | 宋 | 陳傅良 | 21 | 12023 | 21 | 12121 | 97 | 80 |
| 春秋集傳 | 宋 | 呂祖謙 | 21 | 12122 | 21 | 12220 | 97 | 81 |
| 春秋左氏傳說 | 宋 | 呂祖謙 | 22 | 12577 | 22 | 12675 | 97 | 82 |
| 春秋左氏傳事類始末 | 宋 | 章　沖 | 22 | 12697 | 22 | 12795 | 97 | 83 |
| 春秋提綱 | 宋 | 陳則通 | 22 | 12858 | 22 | 12956 | 97 | 84 |
| 春秋王霸列國世紀編 | 宋 | 李　琪 | 22 | 12922 | 22 | 13020 | 98 | 85 |
| 春秋通說 | 宋 | 黃仲炎 | 23 | 12984 | 23 | 13083 | 98 | 86 |
| 春秋集注 | 宋 | 張　洽 | 23 | 13114 | 23 | 13214 | 98 | 87 |
| 春秋或問 | 宋 | 呂大圭 | 23 | 13221 | 23 | 13321 | 98 | 88 |
| 春秋五論 | 宋 | 呂大圭 | 23 | 13398 | 23 | 13497 | 98 | 89 |

春【 chun 】

| 通　志　堂　經　解 | | | | 大通版 | | 漢京版 | | 翁氏目錄 | |
|---|---|---|---|---|---|---|---|---|---|
| 書　　題 | 代 | 作　者 | 冊 | 總碼 | 冊 | 總碼 | 頁次 | 序號 |
| 春秋集傳詳說 | 宋 | 家鉉翁 | 24 | 13411 | 24 | 13511 | 98 | 90 |
| 春秋經傳類對賦 | 宋 | 徐晉卿 | 24 | 13791 | 24 | 13891 | 98 | 91 |
| 春秋諸國統紀 | 元 | 齊履謙 | 24 | 13807 | 24 | 13907 | 99 | 92 |
| 春秋本義 | 元 | 程端學 | 25 | 13855 | 25 | 13955 | 99 | 93 |
| 春秋或問 | 元 | 程端學 | 25 | 14256 | 25 | 14356 | 99 | 94 |
| 春秋集傳 | 元 | 趙　汸 | 25 | 14386 | 25 | 14486 | 100 | 95 |
| 春秋屬辭 | 元 | 趙　汸 | 26 | 14577 | 26 | 14677 | 100 | 96 |
| 春秋師說 | 元 | 趙　汸 | 26 | 14817 | 26 | 14917 | 100 | 97 |
| 春秋左氏傳補注 | 元 | 趙　汸 | 26 | 14873 | 26 | 14973 | 100 | 98 |
| 春秋諸傳會通 | 元 | 李　廉 | 26 | 14925 | 26 | 15025 | 100 | 99 |

| 通　志　堂　經　解 | | | 大通版 | | 漢京版 | | 翁氏目錄 | |
|---|---|---|---|---|---|---|---|---|
| 書　　　題 | 代 | 作　者 | 冊 | 總碼 | 冊 | 總碼 | 頁次 | 序號 |
| 春秋集傳釋義大成 | 元 | 俞　皋 | 27 | 15177 | 27 | 15277 | 100 | 100 |
| 春王正月考 | 明 | 張以寧 | 27 | 15477 | 27 | 15577 | 101 | 102 |
| 大易緝說 | 元 | 王申子 | 5 | 2427 | 5 | 2443 | 86 | 23 |
| 大易集說 | 元 | 俞　琬 | 7 | 3525 | 7 | 3625 | 87 | 28 |
| 大易象數鈎深圖 | 元 | 張　理 | 9 | 5013 | 9 | 5111 | 89 | 37 |
| 定正洪範集說 | 元 | 胡一中 | 15 | 9069 | 15 | 9167 | 93 | 58 |
| 東谷易翼傳 | 宋 | 鄭汝諧 | 3 | 1743 | 3 | 1759 | 85 | 17 |
| 讀易私言 | 元 | 許　衡 | 6 | 3517 | 6 | 3617 | 87 | 27 |
| 讀書管見 | 元 | 王充耘 | 15 | 9017 | 15 | 9115 | 93 | 57 |
| 讀春秋編 | 元 | 陳　深 | 27 | 15369 | 27 | 15469 | 100 | 101 |

| 通 志 堂 經 解 | | | 大通版 | | 漢京版 | | 翁氏目錄 | |
|---|---|---|---|---|---|---|---|---|
| 書　　題 | 代 | 作　者 | 冊 | 總碼 | 冊 | 總碼 | 頁次 | 序號 |
| 復齋易說 | 宋 | 趙彥肅 | 3 | 1367 | 3 | 1383 | 84 | 10 |
| 古周易 | 宋 | 呂祖謙 | 3 | 1419 | 3 | 1435 | 84 | 11 |
| 合訂刪補大易集義粹言 | 清 | 納蘭成德 | 10 | 5267 | 10 | 5365 | 89 | 39 |
| 漢上易傳 | 宋 | 朱　震 | 1 | 421 | 1 | 437 | 83 | 6 |
| 橫渠易說 | 宋 | 張　載 | 1 | 121 | 1 | 137 | 83 | 3 |
| 今文尙書纂言 | 元 | 吳　澄 | 14 | 8285 | 14 | 8383 | 92 | 52 |
| 經典釋文 | 唐 | 陸德明 | 40 | 22531 | 40 | 22629 | 107 | 132 |
| 經說 | 宋 | 熊朋來 | 40 | 23207 | 40 | 23303 | 108 | 136 |
| 經禮補逸 | 元 | 汪克寬 | 34 | 19387 | 34 | 19487 | 104 | 113 |
| 臚齋考工記解 | 宋 | 林希逸 | 29 | 16409 | 29 | 16509 | 101 | 105 |
| 六經奧論 | 宋 | 鄭　樵 | 40 | 23023 | 40 | 23119 | 107 | 134 |

| 通　志　堂　經　解 | | | 大通版 | | 漢京版 | | 翁氏目錄 | |
|---|---|---|---|---|---|---|---|---|
| 書　　　題 | 代 | 作者 | 冊 | 總碼 | 冊 | 總碼 | 頁次 | 序號 |
| 六經正誤 | 宋 | 毛居正 | 40 | 23117 | 40 | 23213 | 108 | 135 |
| 論語集說 | 宋 | 蔡　節 | 35 | 19931 | 35 | 20033 | 105 | 120 |
| 禮記集說 | 宋 | 衛　湜 | 30 | 16751 | 30 | 16851 | 102 | 107 |
| 禮經會元 | 宋 | 葉　時 | 33 | 18683 | 33 | 18783 | 104 | 108 |
| 禮記陳氏集說補正 | 清 | 納蘭成德 | 34 | 19467 | 34 | 19567 | 104 | 114 |
| 毛詩指說 | 唐 | 成伯瑜 | 16 | 9103 | 16 | 9201 | 93 | 59 |
| 毛詩本義 | 宋 | 歐陽修 | 16 | 9111 | 16 | 9209 | 93 | 60 |
| 毛詩集解 | 宋 | 李　樗 | 16 | 9217 | 16 | 9315 | 94 | 61 |
| 毛詩名物解 | 宋 | 蔡元度 | 17 | 9865 | 17 | 9963 | 94 | 62 |
| 毛詩解頤 | 明 | 朱　善 | 18 | 10635 | 18 | 10733 | 95 | 69 |
| 孟子音義 | 宋 | 孫　奭 | 35 | 20385 | 35 | 20483 | 106 | 123 |

| 通 志 堂 經 解 | | | 大通版 | | 漢京版 | | 翁氏目錄 | |
|---|---|---|---|---|---|---|---|---|
| 書 題 | 代 | 作 者 | 冊 | 總碼 | 冊 | 總碼 | 頁次 | 序號 |
| 孟子集疏 | 宋 | 蔡　模 | 35 | 20261 | 35 | 20361 | 106 | 122 |
| 南軒論語解 | 宋 | 張　栻 | 35 | 19825 | 35 | 19927 | 105 | 119 |
| 南軒孟子說 | 宋 | 張　栻 | 35 | 20085 | 35 | 20185 | 105 | 121 |
| 七經小傳 | 宋 | 劉　敞 | 40 | 22989 | 40 | 23087 | 107 | 133 |
| 三易備遺 | 宋 | 朱元昇 | 4 | 1831 | 4 | 1847 | 86 | 18 |
| 三禮圖集注 | 宋 | 聶崇義 | 28 | 15518 | 28 | 15617 | 101 | 103 |
| 四書纂疏 | 宋 | 趙順孫 | 36 | 20397 | 36 | 20495 | 106 | 124 |
| 四書集編 | 宋 | 真德秀 | 37 | 20951 | 37 | 21049 | 106 | 125 |
| 四書通 | 元 | 胡炳文 | 37 | 21203 | 37 | 21303 | 106 | 126 |
| 四書通證 | 元 | 張存中 | 38 | 21667 | 38 | 21767 | 106 | 127 |
| 四書纂箋 | 元 | 詹道傳 | 38 | 21753 | 38 | 21853 | 106 | 128 |

| 通 志 堂 經 解 | | | 大通版 | | 漢京版 | | 翁氏目錄 | |
|---|---|---|---|---|---|---|---|---|
| 書 題 | 代 | 作 者 | 冊 | 總碼 | 冊 | 總碼 | 頁次 | 序號 |
| 四書通旨 | 元 | 朱公遷 | 39 | 22165 | 39 | 22265 | 107 | 129 |
| 四書辨疑 | 元 | 失 名 | 39 | 22293 | 39 | 22393 | 107 | 130 |
| 十一經問對 | 元 | 何異孫 | 40 | 23287 | 40 | 23385 | 108 | 137 |
| 水村易鏡 | 宋 | 林光世 | 4 | 2011 | 4 | 2027 | 86 | 21 |
| 石林春秋傳 | 宋 | 葉夢得 | 21 | 11819 | 21 | 11917 | 96 | 79 |
| 尙書全解 | 宋 | 林之奇 | 11 | 6367 | 11 | 6465 | 90 | 41 |
| 尙書說 | 宋 | 黃 度 | 12 | 7125 | 12 | 7223 | 90 | 44 |
| 尙書表注 | 元 | 金履祥 | 13 | 7841 | 13 | 7939 | 92 | 49 |
| 尙書纂傳 | 元 | 王天與 | 13 | 7885 | 13 | 7983 | 92 | 50 |
| 尙書句解 | 元 | 朱祖義 | 14 | 8621 | 14 | 8719 | 92 | 54 |
| 尙書通考 | 元 | 黃鎮成 | 15 | 8855 | 15 | 8953 | 92 | 56 |

| 通 志 堂 經 解 | | | 大通版 | | 漢京版 | | 翁氏目錄 | |
|---|---|---|---|---|---|---|---|---|
| 書 題 | 代 | 作 者 | 冊 | 總碼 | 冊 | 總碼 | 頁次 | 序號 |
| 書古文訓 | 宋 | 薛季宣 | 11 | 6203 | 11 | 6301 | 90 | 40 |
| 書疑 | 宋 | 王 柏 | 13 | 7503 | 13 | 7601 | 90 | 45 |
| 書集傳或問 | 宋 | 陳大猷 | 13 | 7557 | 13 | 7655 | 91 | 46 |
| 書蔡氏傳輯錄纂注 | 元 | 董 鼎 | 14 | 8107 | 14 | 8205 | 92 | 51 |
| 書蔡氏傳旁通 | 元 | 陳師凱 | 14 | 8437 | 14 | 8535 | 92 | 53 |
| 書集傳纂疏 | 元 | 陳 櫟 | 15 | 8695 | 15 | 8793 | 92 | 55 |
| 詩說 | 宋 | 張 耒 | 17 | 9941 | 17 | 10039 | 94 | 63 |
| 詩疑 | 宋 | 王 柏 | 17 | 9947 | 17 | 10045 | 94 | 64 |
| 詩補傳 | 宋 | 失 名 | 17 | 10047 | 17 | 10145 | 94 | 66 |
| 詩集傳名物鈔 | 元 | 許 謙 | 18 | 10389 | 18 | 10487 | 95 | 67 |
| 詩經疑問 | 元 | 朱 倬 | 18 | 10589 | 18 | 10687 | 95 | 68 |

| 通　志　堂　經　解 | | | 大通版 | | 漢京版 | | 翁氏目錄 | |
|---|---|---|---|---|---|---|---|---|
| 書　　　題 | 代 | 作　者 | 冊 | 總碼 | 冊 | 總碼 | 頁次 | 序號 |
| 太平經國之書 | 宋 | 鄭伯謙 | 33 | 18825 | 33 | 18925 | 104 | 109 |
| 童溪易傳 | 宋 | 王宗傳 | 2 | 901 | 2 | 917 | 84 | 12 |
| 五經蠡測 | 明 | 蔣悌生 | 40 | 23355 | 40 | 23453 | 109 | 138 |
| 文公易說 | 宋 | 朱　鑒 | 4 | 2047 | 4 | 2063 | 86 | 22 |
| 文公詩傳遺說 | 宋 | 朱　鑒 | 17 | 9969 | 17 | 10067 | 94 | 65 |
| 孝經注解 | 唐 | 玄　宗 | 35 | 19773 | 35 | 19873 | 105 | 115 |
| 孝經句解 | 元 | 朱　申 | 35 | 19789 | 35 | 19889 | 105 | 118 |
| 孝經大義 | 元 | 董　鼎 | 35 | 19799 | 35 | 19900 | 105 | 116 |
| 孝經定本 | 元 | 吳　澄 | 35 | 19813 | 35 | 19913 | 105 | 117 |
| 夏小正戴氏傳 | 宋 | 傅崧卿 | 33 | 18893 | 33 | 18993 | 104 | 110 |
| 學易記 | 元 | 李　簡 | 6 | 3265 | 6 | 3365 | 87 | 26 |

學易【 xueˊ - yiˋ 】

| 通志堂經解 | | | 大通版 | | 漢京版 | | 翁氏目錄 | |
|---|---|---|---|---|---|---|---|---|
| 書 題 | 代 | 作 者 | 冊 | 總碼 | 冊 | 總碼 | 頁次 | 序號 |
| 學庸集說啓蒙 | 元 | 景 星 | 39 | 22457 | 39 | 22557 | 107 | 131 |
| 易數鈎隱圖 | 宋 | 劉 牧 | 1 | 120 | 1 | 101 | 83 | 2 |
| 易學 | 宋 | 王 湜 | 1 | 199 | 1 | 215 | 83 | 4 |
| 易璇璣 | 宋 | 吳 沆 | 2 | 667 | 2 | 683 | 83 | 7 |
| 易小傳 | 宋 | 沈 該 | 3 | 1207 | 3 | 1223 | 84 | 9 |
| 易圖說 | 宋 | 吳仁傑 | 3 | 1453 | 3 | 1469 | 85 | 14 |
| 易學啓蒙通釋 | 宋 | 胡方平 | 3 | 1487 | 3 | 1503 | 85 | 15 |
| 易學啓蒙小傳 | 宋 | 稅與權 | 4 | 1989 | 4 | 2005 | 86 | 20 |
| 易纂言 | 元 | 吳 澄 | 8 | 4345 | 8 | 4443 | 88 | 32 |
| 易圖通變 | 元 | 雷思齊 | 9 | 4927 | 9 | 5025 | 89 | 35 |
| 易象圖說 | 元 | 張 理 | 9 | 4959 | 9 | 5057 | 89 | 36 |

| 通 志 堂 經 解 | | | 大通版 | | 漢京版 | | 翁氏目錄 | |
|---|---|---|---|---|---|---|---|---|
| 書 題 | 代 | 作 者 | 冊 | 總碼 | 冊 | 總碼 | 頁次 | 序號 |
| 儀禮圖 | 宋 | 楊 復 | 29 | 16497 | 29 | 16597 | 102 | 106 |
| 儀禮集說 | 元 | 敖繼公 | 33 | 18905 | 33 | 19005 | 104 | 111 |
| 儀禮逸經傳 | 元 | 吳 澄 | 34 | 19363 | 34 | 19463 | 104 | 112 |
| 禹貢論 | 宋 | 程大昌 | 12 | 7025 | 12 | 7123 | 90 | 42 |
| 禹貢集解 | 宋 | 傅 寅 | 13 | 7623 | 13 | 7721 | 91 | 47 |
| 子夏易傳 | 唐 | 張 孤 | 1 | 21 | 1 | 1 | 83 | 1 |
| 紫巖易傳 | 宋 | 張 浚 | 1 | 221 | 1 | 237 | 83 | 5 |
| 增修東萊書說 | 宋 | 時 瀾 | 12 | 7213 | 12 | 7311 | 90 | 43 |
| 周易義海撮要 | 宋 | 李 衡 | 2 | 693 | 2 | 709 | 84 | 8 |
| 周易裨傳 | 宋 | 林 至 | 3 | 1441 | 3 | 1457 | 85 | 13 |
| 周易玩辭 | 宋 | 項安世 | 3 | 1551 | 3 | 1567 | 85 | 16 |

周【 zhou 】

| 通 志 堂 經 解 | | | 大通版 | | 漢京版 | | 翁氏目錄 | |
|---|---|---|---|---|---|---|---|---|
| 書 題 | 代 | 作 者 | 冊 | 總碼 | 冊 | 總碼 | 頁次 | 序號 |
| 周易輯聞 | 宋 | 趙汝楳 | 5 | 2651 | 5 | 2667 | 87 | 25 |
| 周易傳義附錄 | 宋 | 董 楷 | 6 | 2850 | 6 | 2915 | 87 | 24 |
| 周易本義附錄纂注 | 元 | 胡一桂 | 7 | 3847 | 7 | 3947 | 88 | 29 |
| 周易啓蒙翼傳 | 元 | 胡一桂 | 7 | 3971 | 7 | 4069 | 88 | 30 |
| 周易本義通釋 | 元 | 胡炳文 | 8 | 4129 | 8 | 4227 | 88 | 31 |
| 周易本義集成 | 元 | 熊良輔 | 8 | 4465 | 8 | 4563 | 88 | 33 |
| 周易會通 | 元 | 董真卿 | 9 | 4607 | 9 | 4705 | 88 | 34 |
| 周易參義 | 元 | 梁 寅 | 9 | 5085 | 9 | 5183 | 89 | 38 |
| 周禮訂義 | 宋 | 王與之 | 28 | 15621 | 28 | 15721 | 101 | 104 |

# 作者姓氏檢字表

| | | | | | | | |
|---|---|---|---|---|---|---|---|
| 【 4 劃 】 | | 林 | 45 | 許 | 51 | 雷 | 56 |
| 王 | 39 | 金 | 46 | 陸 | 51 | 【 14 劃 】 | |
| 毛 | 40 | 【 9 劃 】 | | 陳 | 52 | 熊 | 56 |
| 【 5 劃 】 | | 俞 | 46 | 章 | 53 | 趙 | 57 |
| 失 | 40 | 胡 | 46 | 【 12 劃 】 | | 齊 | 58 |
| 玄 | 41 | 【 10 劃 】 | | 傅 | 53 | 【 15 劃 】 | |
| 【 6 劃 】 | | 孫 | 47 | 景 | 53 | 劉 | 58 |
| 成 | 41 | 家 | 48 | 程 | 53 | 歐 | 58 |
| 朱 | 41 | 徐 | 48 | 稅 | 54 | 蔣 | 59 |
| 【 7 劃 】 | | 時 | 48 | 項 | 54 | 蔡 | 59 |
| 何 | 42 | 眞 | 48 | 馮 | 54 | 衛 | 59 |
| 吳 | 42 | 納 | 48 | 黃 | 54 | 鄭 | 59 |
| 呂 | 43 | 【 11 劃 】 | | 【 13 劃 】 | | 【 17 劃 】 | |
| 李 | 44 | 崔 | 49 | 楊 | 55 | 薛 | 60 |
| 沈 | 45 | 張 | 49 | 葉 | 55 | 【 18 劃 】 | |
| 汪 | 45 | 敖 | 51 | 董 | 55 | 聶 | 60 |
| 【 8 劃 】 | | 梁 | 51 | 詹 | 56 | | |

| 通 志 堂 經 解 | | | 大通版 | | 漢京版 | | 翁氏目錄 | |
|---|---|---|---|---|---|---|---|---|
| 作 者 ／ 書題 | 代 | 卷數 | 冊 | 總 碼 | 冊 | 總 碼 | 頁次 | 序號 |
| 王　湜 | | | | | | | | |
| 易學 | 宋 | 1 | 1 | 199 | 1 | 215 | 83 | 4 |
| 王宗傳 | | | | | | | | |
| 童溪易傳 | 宋 | 30 | 2 | 901 | 2 | 917 | 84 | 12 |
| 王　柏 | | | | | | | | |
| 書疑 | 宋 | 9 | 13 | 7503 | 13 | 7601 | 90 | 45 |
| 詩疑 | 宋 | 2 | 17 | 9947 | 17 | 10045 | 94 | 64 |
| 王　晢 | | | | | | | | |
| 春秋皇綱論 | 宋 | 5 | 19 | 10831 | 19 | 10929 | 95 | 71 |
| 王　當 | | | | | | | | |
| 春秋臣傳 | 宋 | 30 | 20 | 11203 | 20 | 11301 | 96 | 76 |
| 王與之 | | | | | | | | |

| 通 志 堂 經 解 | | | 大通版 | | 漢京版 | | 翁氏目錄 | |
|---|---|---|---|---|---|---|---|---|
| 作 者 / 書 題 | 代 | 卷數 | 冊 | 總 碼 | 冊 | 總 碼 | 頁次 | 序號 |
| 周禮訂義 | 宋 | 80 | 28 | 15621 | 28 | 15721 | 101 | 104 |
| 王申子 | | | | | | | | |
| 大易緝說 | 元 | 10 | 5 | 2427 | 5 | 2443 | 87 | 28 |
| 王天與 | | | | | | | | |
| 尚書纂傳 | 元 | 46 | 13 | 7885 | 13 | 7983 | 92 | 50 |
| 王充耘 | | | | | | | | |
| 讀書管見 | 元 | 2 | 15 | 9017 | 15 | 9115 | 93 | 57 |
| 毛居正 | | | | | | | | |
| 六經正誤 | 宋 | 6 | 40 | 23117 | 40 | 23213 | 108 | 135 |
| 失 名 | | | | | | | | |
| 詩補傳 | 宋 | 30 | 17 | 10047 | 17 | 10145 | 94 | 66 |
| 四書辨疑 | 元 | 15 | 39 | 22293 | 39 | 22393 | 107 | 130 |

| 通 志 堂 經 解 | | | 大通版 | | 漢京版 | | 翁氏目錄 | |
|---|---|---|---|---|---|---|---|---|
| 作 者 / 書 題 | 代 | 卷數 | 冊 | 總 碼 | 冊 | 總 碼 | 頁次 | 序號 |
| 玄 宗 | | | | | | | | |
| 孝經注解 | 唐 | 1 | 35 | 19773 | 35 | 19873 | 105 | 115 |
| 成伯瑜 | | | | | | | | |
| 毛詩指說 | 唐 | 1 | 16 | 9103 | 16 | 9201 | 93 | 59 |
| 朱 震 | | | | | | | | |
| 漢上易傳 | 宋 | 11 | 1 | 421 | 1 | 437 | 83 | 6 |
| 朱元昇 | | | | | | | | |
| 三易備遺 | 宋 | 10 | 4 | 1831 | 4 | 1847 | 86 | 18 |
| 朱 鑒 | | | | | | | | |
| 文公易說 | 宋 | 23 | 4 | 2047 | 4 | 2063 | 86 | 22 |
| 文公詩傳遺說 | 宋 | 6 | 17 | 9969 | 17 | 10067 | 94 | 65 |
| 朱祖義 | | | | | | | | |

| 通 志 堂 經 解 | | | 大通版 | | 漢京版 | | 翁氏目錄 | |
|---|---|---|---|---|---|---|---|---|
| 作 者 ／ 書題 | 代 | 卷數 | 冊 | 總 碼 | 冊 | 總 碼 | 頁次 | 序號 |
| 尙書句解 | 元 | 13 | 14 | 8621 | 14 | 8719 | 92 | 54 |
| 朱 倬 | | | | | | | | |
| 詩經疑問 | 元 | 7 | 18 | 10589 | 18 | 10687 | 95 | 68 |
| 朱 申 | | | | | | | | |
| 孝經句解 | 元 | 1 | 35 | 19789 | 35 | 19889 | 105 | 118 |
| 朱公遷 | | | | | | | | |
| 四書通旨 | 元 | 6 | 39 | 22165 | 39 | 22265 | 107 | 129 |
| 朱 善 | | | | | | | | |
| 毛詩解頤 | 明 | 4 | 18 | 10635 | 18 | 10733 | 95 | 69 |
| 何異孫 | | | | | | | | |
| 十一經問對 | 元 | 5 | 40 | 23287 | 40 | 23385 | 108 | 137 |
| 吳 沆 | | | | | | | | |

| 通 志 堂 經 解 | | | 大通版 | | 漢京版 | | 翁氏目錄 | |
|---|---|---|---|---|---|---|---|---|
| 作 者 ／ 書 題 | 代 | 卷數 | 冊 | 總 碼 | 冊 | 總 碼 | 頁次 | 序號 |
| 易璇璣 | 宋 | 2 | 2 | 667 | 2 | 683 | 83 | 7 |
| 吳仁傑 | | | | | | | | |
| 易圖說 | 宋 | 3 | 3 | 1453 | 3 | 1469 | 85 | 14 |
| 吳 澄 | | | | | | | | |
| 易纂言 | 元 | 13 | 8 | 4345 | 8 | 4443 | 88 | 32 |
| 今文尚書纂言 | 元 | 4 | 14 | 8285 | 14 | 8383 | 92 | 52 |
| 儀禮逸經傳 | 元 | 1 | 34 | 19363 | 34 | 19463 | 104 | 112 |
| 孝經定本 | 元 | 1 | 35 | 19813 | 35 | 19913 | 105 | 117 |
| 呂祖謙 | | | | | | | | |
| 古周易 | 宋 | 1 | 3 | 1419 | 3 | 1435 | 84 | 11 |
| 春秋集傳 | 宋 | 30 | 21 | 12122 | 21 | 12220 | 97 | 81 |
| 春秋左氏傳說 | 宋 | 20 | 22 | 12577 | 22 | 12675 | 97 | 82 |
| 呂大圭 | | | | | | | | |

| 通 志 堂 經 解 | | | 大通版 | | 漢京版 | | 翁氏目錄 | |
|---|---|---|---|---|---|---|---|---|
| 作 者 / 書 題 | 代 | 卷數 | 冊 | 總 碼 | 冊 | 總 碼 | 頁次 | 序號 |
| 春秋或問 | 宋 | 20 | 23 | 13221 | 23 | 13321 | 98 | 88 |
| 春秋五論 | 宋 | 1 | 23 | 13398 | 23 | 13497 | 98 | 89 |
| 李 衡 | | | | | | | | |
| 周易義海撮要 | 宋 | 12 | 2 | 693 | 2 | 709 | 84 | 8 |
| 丙子學易編 | 宋 | 1 | 4 | 1969 | 4 | 1985 | 86 | 19 |
| 李 樗 | | | | | | | | |
| 毛詩集解 | 宋 | 42 | 16 | 9217 | 16 | 9315 | 94 | 61 |
| 李 琪 | | | | | | | | |
| 春秋王霸列國世紀編 | 宋 | 3 | 22 | 12922 | 22 | 13020 | 98 | 85 |
| 李 簡 | | | | | | | | |
| 學易記 | 元 | 9 | 6 | 3265 | 6 | 3365 | 87 | 26 |

| 通 志 堂 經 解 | | | 大通版 | | 漢京版 | | 翁氏目錄 | |
|---|---|---|---|---|---|---|---|---|
| 作 者 / 書題 | 代 | 卷數 | 冊 | 總 碼 | 冊 | 總 碼 | 頁次 | 序號 |
| 李 廉 | | | | | | | | |
| 春秋諸傳會通 | 元 | 24 | 26 | 14925 | 26 | 15025 | 100 | 99 |
| 沈 該 | | | | | | | | |
| 易小傳 | 宋 | 6 | 3 | 1207 | 3 | 1223 | 84 | 9 |
| 汪克寬 | | | | | | | | |
| 經禮補逸 | 元 | 9 | 34 | 19387 | 34 | 19487 | 104 | 113 |
| 林 至 | | | | | | | | |
| 周易裨傳 | 宋 | 2 | 3 | 1441 | 3 | 1457 | 85 | 13 |
| 林光世 | | | | | | | | |
| 水村易鏡 | 宋 | 1 | 4 | 2011 | 4 | 2027 | 86 | 21 |
| 林之奇 | | | | | | | | |
| 尚書全解 | 宋 | 40 | 11 | 6367 | 11 | 6465 | 90 | 41 |

| 通 志 堂 經 解 | | | 大通版 | | 漢京版 | | 翁氏目錄 | |
|---|---|---|---|---|---|---|---|---|
| 作 者 ／ 書 題 | 代 | 卷數 | 冊 | 總 碼 | 冊 | 總 碼 | 頁次 | 序號 |
| 林希逸 | | | | | | | | |
| 鬳齋考工記解 | 宋 | 2 | 29 | 16409 | 29 | 16509 | 101 | 105 |
| 金履祥 | | | | | | | | |
| 尙書表注 | 元 | 2 | 13 | 7841 | 13 | 7939 | 92 | 49 |
| 俞 琰 | | | | | | | | |
| 大易集說 | 元 | 10 | 7 | 3525 | 7 | 3625 | 87 | 28 |
| 俞 皋 | | | | | | | | |
| 春秋集傳釋義 大成 | 元 | 12 | 27 | 15177 | 27 | 15277 | 100 | 100 |
| 胡方平 | | | | | | | | |
| 易學啓蒙通釋 | 宋 | 2 | 3 | 1487 | 3 | 1503 | 85 | 15 |
| 胡士行 | | | | | | | | |

| 通 志 堂 經 解 | | | 大通版 | | 漢京版 | | 翁氏目錄 | |
|---|---|---|---|---|---|---|---|---|
| 作 者 ／ 書 題 | 代 | 卷數 | 冊 | 總 碼 | 冊 | 總 碼 | 頁次 | 序號 |
| 初學尚書詳解 | 宋 | 13 | 13 | 7725 | 13 | 7821 | 81 | 48 |
| 胡一桂 | | | | | | | | |
| 周易本義附錄纂注 | 元 | 15 | 7 | 3847 | 7 | 3947 | 88 | 29 |
| 周易啓蒙翼傳 | 元 | 3 | 7 | 3971 | 7 | 4069 | 88 | 30 |
| 胡一中 | | | | | | | | |
| 定正洪範集說 | 元 | 1 | 15 | 9069 | 15 | 9167 | 93 | 58 |
| 胡炳文 | | | | | | | | |
| 周易本義通釋 | 元 | 12 | 8 | 4129 | 8 | 4227 | 88 | 31 |
| 四書通 | 元 | 34 | 37 | 21203 | 37 | 21303 | 106 | 126 |
| 孫 復 | | | | | | | | |
| 春秋尊王發微 | 宋 | 12 | 19 | 10725 | 19 | 10823 | 95 | 70 |

| 通 志 堂 經 解 | | | 大通版 | | 漢京版 | | 翁氏目錄 | |
|---|---|---|---|---|---|---|---|---|
| 作 者 ／ 書 題 | 代 | 卷數 | 冊 | 總 碼 | 冊 | 總 碼 | 頁次 | 序號 |
| 孫 奭 | | | | | | | | |
| 孟子音義 | 宋 | 2 | 35 | 20385 | 35 | 20483 | 106 | 123 |
| 家鉉翁 | | | | | | | | |
| 春秋集傳詳說 | 宋 | 30 | 24 | 13411 | 24 | 13511 | 98 | 90 |
| 徐晉卿 | | | | | | | | |
| 春秋經傳類對賦 | 宋 | 1 | 24 | 13791 | 24 | 13891 | 98 | 91 |
| 時 瀾 | | | | | | | | |
| 增修東萊書說 | 宋 | 35 | 12 | 7213 | 12 | 7311 | 90 | 43 |
| 眞德秀 | | | | | | | | |
| 四書集編 | 宋 | 26 | 37 | 20951 | 37 | 21049 | 106 | 125 |
| 納蘭成德 | | | | | | | | |

| 通 志 堂 經 解 | | | 大通版 | | 漢京版 | | 翁氏目錄 | |
|---|---|---|---|---|---|---|---|---|
| 作 者 ／ 書題 | 代 | 卷數 | 冊 | 總 碼 | 冊 | 總 碼 | 頁次 | 序號 |
| 合訂刪補大易集義粹言 | 清 | 80 | 10 | 5267 | 10 | 5365 | 89 | 39 |
| 禮記陳氏集說補正 | 清 | 38 | 34 | 19467 | 34 | 19567 | 104 | 114 |
| 崔子方 | | | | | | | | |
| 春秋本例 | 宋 | 20 | 20 | 11355 | 20 | 11453 | 96 | 77 |
| 張 孤 | | | | | | | | |
| 子夏易傳 | 唐 | 11 | 1 | 21 | 1 | 1 | 83 | 1 |
| 張 耒 | | | | | | | | |
| 詩說 | 宋 | 1 | 17 | 9941 | 17 | 10039 | 94 | 63 |
| 張 洽 | | | | | | | | |
| 春秋集注 | 宋 | 11 | 23 | 13114 | 23 | 13214 | 98 | 87 |
| 張 浚 | | | | | | | | |

| 通 志 堂 經 解 | | | 大通版 | | 漢京版 | | 翁氏目錄 | |
|---|---|---|---|---|---|---|---|---|
| 作 者 / 書題 | 代 | 卷數 | 冊 | 總 碼 | 冊 | 總 碼 | 頁次 | 序號 |
| 紫巖易傳 | 宋 | 10 | 1 | 221 | 1 | 237 | 83 | 5 |
| 張 栻 | | | | | | | | |
| 南軒論語解 | 宋 | 10 | 35 | 19825 | 35 | 19927 | 105 | 119 |
| 南軒孟子說 | 宋 | 7 | 35 | 20085 | 35 | 20185 | 105 | 121 |
| 張 載 | | | | | | | | |
| 橫渠易說 | 宋 | 3 | 1 | 121 | 1 | 137 | 83 | 3 |
| 張存中 | | | | | | | | |
| 四書通證 | 元 | 6 | 38 | 21667 | 38 | 21767 | 106 | 127 |
| 張 理 | | | | | | | | |
| 易象圖說 | 元 | 6 | 9 | 4959 | 9 | 5057 | 89 | 36 |
| 大易象數鈎深圖 | 元 | 3 | 9 | 5013 | 9 | 5111 | 86 | 23 |

| 通 志 堂 經 解 | | | 大通版 | | 漢京版 | | 翁氏目錄 | |
|---|---|---|---|---|---|---|---|---|
| 作 者 / 書題 | 代 | 卷數 | 冊 | 總 碼 | 冊 | 總 碼 | 頁次 | 序號 |
| 張以寧 | | | | | | | | |
| 春王正月考 | 明 | 2 | 27 | 15477 | 27 | 15577 | 101 | 102 |
| 敖繼公 | | | | | | | | |
| 儀禮集說 | 元 | 17 | 33 | 18905 | 33 | 19005 | 104 | 111 |
| 梁　寅 | | | | | | | | |
| 周易參義 | 元 | 12 | 9 | 5085 | 9 | 5183 | 89 | 38 |
| 許　衡 | | | | | | | | |
| 讀易私言 | 元 | 1 | 6 | 3517 | 6 | 3617 | 87 | 27 |
| 許　謙 | | | | | | | | |
| 詩集傳名物鈔 | 元 | 8 | 18 | 10389 | 18 | 10487 | 95 | 67 |
| 陸德明 | | | | | | | | |
| 經典釋文 | 唐 | 30 | 40 | 22531 | 40 | 22629 | 107 | 132 |

| 通 志 堂 經 解 | | | 大通版 | | 漢京版 | | 翁氏目錄 | |
|---|---|---|---|---|---|---|---|---|
| 作 者 ／ 書題 | 代 | 卷數 | 冊 | 總 碼 | 冊 | 總 碼 | 頁次 | 序號 |
| 陳大猷 | | | | | | | | |
| 書集傳或問 | 宋 | 2 | 13 | 7557 | 13 | 7655 | 91 | 46 |
| 陳傅良 | | | | | | | | |
| 春秋後傳 | 宋 | 12 | 21 | 12023 | 21 | 12121 | 97 | 80 |
| 陳則通 | | | | | | | | |
| 春秋提綱 | 宋 | 10 | 22 | 12858 | 22 | 12956 | 97 | 84 |
| 陳師凱 | | | | | | | | |
| 書蔡氏傳旁通 | 元 | 6 | 14 | 8437 | 14 | 8535 | 92 | 53 |
| 陳 深 | | | | | | | | |
| 讀春秋編 | 元 | 12 | 27 | 15369 | 27 | 15469 | 100 | 101 |
| 陳 櫟 | | | | | | | | |
| 書集傳纂疏 | 元 | 6 | 15 | 8695 | 15 | 8793 | 92 | 55 |

| 通 志 堂 經 解 | | | 大通版 | | 漢京版 | | 翁氏目錄 | |
|---|---|---|---|---|---|---|---|---|
| 作 者 / 書題 | 代 | 卷數 | 冊 | 總 碼 | 冊 | 總 碼 | 頁次 | 序號 |
| 章 沖 | | | | | | | | |
| 春秋左氏傳事類始末 | 宋 | 5 | 22 | 12697 | 22 | 12795 | 97 | 83 |
| 傅 寅 | | | | | | | | |
| 禹貢集解 | 宋 | 2 | 13 | 7623 | 13 | 7721 | 91 | 47 |
| 傅崧卿 | | | | | | | | |
| 夏小正戴氏傳 | 宋 | 4 | 33 | 18893 | 33 | 18993 | 104 | 110 |
| 景 星 | | | | | | | | |
| 學庸集說啓蒙 | 元 | 2 | 39 | 22457 | 39 | 22557 | 107 | 131 |
| 程大昌 | | | | | | | | |
| 禹貢論 | 宋 | 4 | 12 | 7025 | 12 | 7123 | 90 | 42 |
| 程端學 | | | | | | | | |

| 通 志 堂 經 解 | | | 大通版 | | 漢京版 | | 翁氏目錄 | |
|---|---|---|---|---|---|---|---|---|
| 作 者 / 書 題 | 代 | 卷數 | 冊 | 總 碼 | 冊 | 總 碼 | 頁次 | 序號 |
| 春秋本義 | 元 | 30 | 25 | 13855 | 25 | 13955 | 99 | 93 |
| 春秋或問 | 元 | 10 | 25 | 14256 | 25 | 14356 | 99 | 94 |
| 稅與權 | | | | | | | | |
| 易學啓蒙小傳 | 宋 | 1 | 4 | 1989 | 4 | 2005 | 86 | 20 |
| 項安世 | | | | | | | | |
| 周易玩辭 | 宋 | 16 | 3 | 1551 | 3 | 1567 | 85 | 16 |
| 馮繼元 | | | | | | | | |
| 春秋名號歸一圖 | 宋 | 2 | 19 | 11177 | 19 | 11275 | 96 | 75 |
| 黃 度 | | | | | | | | |
| 尙書說 | 宋 | 7 | 12 | 7125 | 12 | 7223 | 90 | 44 |
| 黃仲炎 | | | | | | | | |

| 通 志 堂 經 解 | | | 大通版 | | 漢京版 | | 翁氏目錄 | |
|---|---|---|---|---|---|---|---|---|
| 作 者 ／ 書題 | 代 | 卷數 | 冊 | 總 碼 | 冊 | 總 碼 | 頁次 | 序號 |
| 春秋通說 | 宋 | 13 | 23 | 12984 | 23 | 13083 | 98 | 86 |
| 黃鎮成 | | | | | | | | |
| 尚書通考 | 元 | 10 | 15 | 8855 | 15 | 8953 | 92 | 56 |
| 楊 復 | | | | | | | | |
| 儀禮圖 | 宋 | 17 | 29 | 16497 | 29 | 16597 | 102 | 106 |
| 葉夢得 | | | | | | | | |
| 石林春秋傳 | 宋 | 20 | 21 | 11819 | 21 | 11917 | 96 | 79 |
| 葉 時 | | | | | | | | |
| 禮經會元 | 宋 | 4 | 33 | 18683 | 33 | 18783 | 104 | 108 |
| 董 楷 | | | | | | | | |
| 周易傳義附錄 | 宋 | 14 | 6 | 2850 | 6 | 2915 | 87 | 24 |
| 董真卿 | | | | | | | | |

| 通 志 堂 經 解 | | | 大 通 版 | | 漢 京 版 | | 翁 氏 目 錄 | |
|---|---|---|---|---|---|---|---|---|
| 作 者 ／ 書題 | 代 | 卷數 | 冊 | 總 碼 | 冊 | 總 碼 | 頁次 | 序號 |
| 周易會通 | 元 | 14 | 9 | 4607 | 9 | 4705 | 88 | 34 |
| 　董　鼎 | | | | | | | | |
| 書蔡氏傳輯錄纂注 | 元 | 6 | 14 | 8107 | 14 | 8205 | 92 | 51 |
| 孝經大義 | 元 | 1 | 35 | 19799 | 35 | 19900 | 105 | 116 |
| 　詹道傳 | | | | | | | | |
| 四書纂箋 | 元 | 26 | 38 | 21753 | 38 | 21853 | 106 | 128 |
| 　雷思齊 | | | | | | | | |
| 易圖通變 | 元 | 5 | 9 | 4927 | 9 | 5025 | 89 | 35 |
| 　熊良輔 | | | | | | | | |
| 周易本義集成 | 元 | 12 | 8 | 4465 | 8 | 4563 | 88 | 33 |
| 　熊朋來 | | | | | | | | |

| 通 志 堂 經 解 | | | 大通版 | | 漢京版 | | 翁氏目錄 | |
|---|---|---|---|---|---|---|---|---|
| 作 者 / 書題 | 代 | 卷數 | 冊 | 總 碼 | 冊 | 總 碼 | 頁次 | 序號 |
| 經說 | 宋 | 7 | 40 | 23207 | 40 | 23303 | 108 | 136 |
| 趙彥肅 | | | | | | | | |
| 復齋易說 | 宋 | 6 | 3 | 1367 | 3 | 1383 | 84 | 10 |
| 趙汝楳 | | | | | | | | |
| 周易輯聞 | 宋 | 6 | 5 | 2651 | 5 | 2667 | 87 | 25 |
| 趙鵬飛 | | | | | | | | |
| 春秋經筌 | 宋 | 16 | 20 | 11453 | 20 | 11551 | 96 | 78 |
| 趙順孫 | | | | | | | | |
| 四書纂疏 | 宋 | 26 | 36 | 20397 | 36 | 20495 | 106 | 124 |
| 趙 汸 | | | | | | | | |
| 春秋集傳 | 元 | 15 | 25 | 14386 | 25 | 14486 | 100 | 95 |
| 春秋屬辭 | 元 | 15 | 26 | 14577 | 26 | 14677 | 100 | 96 |

| 通 志 堂 經 解 | | | 大通版 | | 漢京版 | | 翁氏目錄 | |
|---|---|---|---|---|---|---|---|---|
| 作 者 / 書 題 | 代 | 卷數 | 冊 | 總 碼 | 冊 | 總 碼 | 頁次 | 序號 |
| 春秋師說 | 元 | 3 | 26 | 14817 | 26 | 14917 | 100 | 97 |
| 春秋左氏傳補注 | 元 | 10 | 26 | 14873 | 26 | 14973 | 100 | 98 |
| 齊履謙 | | | | | | | | |
| 春秋諸國統紀 | 元 | 6 | 24 | 13807 | 24 | 13907 | 99 | 92 |
| 易數鉤隱圖 | 宋 | 3 | 1 | 120 | 1 | 101 | 83 | 2 |
| 劉 敞 | | | | | | | | |
| 春秋傳 | 宋 | 15 | 19 | 10863 | 19 | 10961 | 95 | 72 |
| 春秋權衡 | 宋 | 17 | 19 | 10965 | 19 | 11063 | 96 | 73 |
| 春秋意林 | 宋 | 2 | 19 | 11127 | 19 | 11225 | 96 | 74 |
| 七經小傳 | 宋 | 3 | 40 | 22989 | 40 | 23087 | 107 | 133 |
| 歐陽修 | | | | | | | | |
| 毛詩本義 | 宋 | 15 | 16 | 9111 | 16 | 9209 | 93 | 60 |

| 通志堂經解 | | | 大通版 | | 漢京版 | | 翁氏目錄 | |
|---|---|---|---|---|---|---|---|---|
| 作者／書題 | 代 | 卷數 | 冊 | 總碼 | 冊 | 總碼 | 頁次 | 序號 |
| 蔣悌生 | | | | | | | | |
| 五經蠡測 | 明 | 6 | 40 | 23355 | 40 | 23453 | 109 | 138 |
| 蔡元度 | | | | | | | | |
| 毛詩名物解 | 宋 | 20 | 17 | 9865 | 17 | 9963 | 94 | 62 |
| 蔡 節 | | | | | | | | |
| 論語集說 | 宋 | 10 | 35 | 19931 | 35 | 20033 | 105 | 120 |
| 蔡 模 | | | | | | | | |
| 孟子集疏 | 宋 | 14 | 35 | 20261 | 35 | 20361 | 106 | 122 |
| 衛 湜 | | | | | | | | |
| 禮記集說 | 宋 | 160 | 30 | 16751 | 30 | 16851 | 102 | 107 |
| 鄭汝諧 | | | | | | | | |
| 東谷易翼傳 | 宋 | 2 | 3 | 1743 | 3 | 1759 | 85 | 17 |

| 通 志 堂 經 解 | | | 大通版 | | 漢京版 | | 翁氏目錄 | |
|---|---|---|---|---|---|---|---|---|
| 作 者 ／ 書題 | 代 | 卷數 | 冊 | 總 碼 | 冊 | 總 碼 | 頁次 | 序號 |
| **鄭伯謙** | | | | | | | | |
| 太平經國之書 | 宋 | 11 | 33 | 18825 | 33 | 18925 | 104 | 109 |
| **鄭 樵** | | | | | | | | |
| 六經奧論 | 宋 | 6 | 40 | 23023 | 40 | 23119 | 107 | 134 |
| **薛季宣** | | | | | | | | |
| 書古文訓 | 宋 | 16 | 11 | 6203 | 11 | 6301 | 90 | 40 |
| **聶崇義** | | | | | | | | |
| 三禮圖集注 | 宋 | 20 | 28 | 15518 | 28 | 15617 | 101 | 103 |

# 諸 經 分 類 表

一、《易》・・・・・・・・・・・・ 63

二、《書》・・・・・・・・・・・・ 67

三、《詩》・・・・・・・・・・・・ 69

四、《春秋》・・・・・・・・・・ 70

五、《三禮》・・・・・・・・・・ 74

六、《孝經》・・・・・・・・・・ 76

七、《論語》《孟子》・・・・・ 77

八、《四書》・・・・・・・・・・ 78

九、《諸經總類》・・・・・・・・ 79

## 《 易 》

| 通 志 堂 經 解 | | | 大通版 | | 漢京版 | | 翁氏目錄 | |
|---|---|---|---|---|---|---|---|---|
| 書　題 | 代 | 作者 | 冊 | 總碼 | 冊 | 總碼 | 頁次 | 序號 |
| 子夏易傳 | 唐 | 張　孤 | 1 | 21 | 1 | 1 | 83 | 1 |
| 易數鉤隱圖 | 宋 | 劉　牧 | 1 | 120 | 1 | 101 | 83 | 2 |
| 橫渠易說 | 宋 | 張　載 | 1 | 121 | 1 | 137 | 83 | 3 |
| 易學 | 宋 | 王　湜 | 1 | 199 | 1 | 215 | 83 | 4 |
| 紫巖易傳 | 宋 | 張　浚 | 1 | 221 | 1 | 237 | 83 | 5 |
| 漢上易傳 | 宋 | 朱　震 | 1 | 421 | 1 | 437 | 83 | 6 |
| 易璇璣 | 宋 | 吳　沆 | 2 | 667 | 2 | 683 | 83 | 7 |
| 周易義海撮要 | 宋 | 李　衡 | 2 | 693 | 2 | 709 | 84 | 8 |
| 童溪易傳 | 宋 | 王宗傳 | 2 | 901 | 2 | 917 | 84 | 12 |
| 易小傳 | 宋 | 沈　該 | 3 | 1207 | 3 | 1223 | 84 | 9 |
| 復齋易說 | 宋 | 趙彥肅 | 3 | 1367 | 3 | 1383 | 84 | 10 |

# 《 易 》

| 通 志 堂 經 解 | | | 大通版 | | 漢京版 | | 翁氏目錄 | |
|---|---|---|---|---|---|---|---|---|
| 書 題 | 代 | 作 者 | 冊 | 總碼 | 冊 | 總碼 | 頁次 | 序號 |
| 古周易 | 宋 | 呂祖謙 | 3 | 1419 | 3 | 1435 | 84 | 11 |
| 周易裨傳 | 宋 | 林 至 | 3 | 1441 | 3 | 1457 | 85 | 13 |
| 易圖說 | 宋 | 吳仁傑 | 3 | 1453 | 3 | 1469 | 85 | 14 |
| 易學啓蒙通釋 | 宋 | 胡方平 | 3 | 1487 | 3 | 1503 | 85 | 15 |
| 周易玩辭 | 宋 | 項安世 | 3 | 1551 | 3 | 1567 | 85 | 16 |
| 東谷易翼傳 | 宋 | 鄭汝諧 | 3 | 1743 | 3 | 1759 | 85 | 17 |
| 三易備遺 | 宋 | 朱元昇 | 4 | 1831 | 4 | 1847 | 86 | 18 |
| 丙子學易編 | 宋 | 李心傳 | 4 | 1969 | 4 | 1985 | 86 | 19 |
| 易學啓蒙小傳 | 宋 | 稅與權 | 4 | 1989 | 4 | 2005 | 86 | 20 |
| 水村易鏡 | 宋 | 林光世 | 4 | 2011 | 4 | 2027 | 86 | 21 |
| 文公易說 | 宋 | 朱 鑒 | 4 | 2047 | 4 | 2063 | 86 | 22 |

## 《 易 》

| 通 志 堂 經 解 | | | 大通版 | | 漢京版 | | 翁氏目錄 | |
|---|---|---|---|---|---|---|---|---|
| 書　題 | 代 | 作　者 | 冊 | 總碼 | 冊 | 總碼 | 頁次 | 序號 |
| 周易輯聞 | 宋 | 趙汝楳 | 5 | 2651 | 5 | 2667 | 87 | 25 |
| 大易緝說 | 元 | 王申子 | 5 | 2427 | 5 | 2443 | 86 | 23 |
| 周易傳義附錄 | 宋 | 董　楷 | 6 | 2850 | 6 | 2915 | 87 | 24 |
| 學易記 | 元 | 李　簡 | 6 | 3265 | 6 | 3365 | 87 | 26 |
| 讀易私言 | 元 | 許　衡 | 6 | 3517 | 6 | 3617 | 87 | 27 |
| 大易集說 | 元 | 俞　琰 | 7 | 3525 | 7 | 3625 | 87 | 28 |
| 周易本義附錄纂注 | 元 | 胡一桂 | 7 | 3847 | 7 | 3947 | 88 | 29 |
| 周易啓蒙翼傳 | 元 | 胡一桂 | 7 | 3971 | 7 | 4069 | 88 | 30 |
| 周易本義通釋 | 元 | 胡炳文 | 8 | 4129 | 8 | 4227 | 88 | 31 |
| 易纂言 | 元 | 吳　澄 | 8 | 4345 | 8 | 4443 | 88 | 32 |

## 《 易 》

| 通 志 堂 經 解 | | | 大通版 | | 漢京版 | | 翁氏目錄 | |
|---|---|---|---|---|---|---|---|---|
| 書 題 | 代 | 作 者 | 冊 | 總碼 | 冊 | 總碼 | 頁次 | 序號 |
| 周易本義集成 | 元 | 熊良輔 | 8 | 4465 | 8 | 4563 | 88 | 33 |
| 周易會通 | 元 | 董真卿 | 9 | 4607 | 9 | 4705 | 88 | 34 |
| 易圖通變 | 元 | 雷思齊 | 9 | 4927 | 9 | 5025 | 89 | 35 |
| 易象圖說 | 元 | 張 理 | 9 | 4959 | 9 | 5057 | 89 | 36 |
| 大易象數鉤深圖 | 元 | 張 理 | 9 | 5013 | 9 | 5111 | 89 | 37 |
| 周易參義 | 元 | 梁 寅 | 9 | 5085 | 9 | 5183 | 89 | 38 |
| 合訂刪補大易集義粹言 | 清 | 納蘭成德 | 10 | 5267 | 10 | 5365 | 89 | 39 |

## 《 書 》

| 通 志 堂 經 解 | | | 大通版 | | 漢京版 | | 翁氏目錄 | |
|---|---|---|---|---|---|---|---|---|
| 書 題 | 代 | 作 者 | 冊 | 總碼 | 冊 | 總碼 | 頁次 | 序號 |
| 書古文訓 | 宋 | 薛季宣 | 11 | 6203 | 11 | 6301 | 90 | 40 |
| 尚書全解 | 宋 | 林之奇 | 11 | 6367 | 11 | 6465 | 90 | 41 |
| 禹貢論 | 宋 | 程大昌 | 12 | 7025 | 12 | 7123 | 90 | 42 |
| 增修東萊書說 | 宋 | 時 瀾 | 12 | 7213 | 12 | 7311 | 90 | 43 |
| 尚書說 | 宋 | 黃 度 | 12 | 7125 | 12 | 7223 | 90 | 44 |
| 書疑 | 宋 | 王 柏 | 13 | 7503 | 13 | 7601 | 90 | 45 |
| 書集傳或問 | 宋 | 陳大猷 | 13 | 7557 | 13 | 7655 | 91 | 46 |
| 禹貢集解 | 宋 | 傅 寅 | 13 | 7623 | 13 | 7721 | 91 | 47 |
| 初學尚書詳解 | 宋 | 胡士行 | 13 | 7725 | 13 | 7821 | 91 | 48 |
| 尚書表注 | 元 | 金履祥 | 13 | 7841 | 13 | 7939 | 92 | 49 |
| 尚書纂傳 | 元 | 王天與 | 13 | 7885 | 13 | 7983 | 92 | 50 |

## 《書》

| 通志堂經解 | | | 大通版 | | 漢京版 | | 翁氏目錄 | |
|---|---|---|---|---|---|---|---|---|
| 書　　題 | 代 | 作　者 | 冊 | 總碼 | 冊 | 總碼 | 頁次 | 序號 |
| 書蔡氏傳輯錄纂注 | 元 | 董　鼎 | 14 | 8107 | 14 | 8205 | 92 | 51 |
| 今文尚書纂言 | 元 | 吳　澄 | 14 | 8285 | 14 | 8383 | 92 | 52 |
| 書蔡氏傳旁通 | 元 | 陳師凱 | 14 | 8437 | 14 | 8535 | 92 | 53 |
| 尚書句解 | 元 | 朱祖義 | 14 | 8621 | 14 | 8719 | 92 | 54 |
| 書集傳纂疏 | 元 | 陳　櫟 | 15 | 8695 | 15 | 8793 | 92 | 55 |
| 尚書通考 | 元 | 黃鎮成 | 15 | 8855 | 15 | 8953 | 92 | 56 |
| 讀書管見 | 元 | 王充耘 | 15 | 9017 | 15 | 9115 | 93 | 57 |
| 定正洪範集說 | 元 | 胡一中 | 15 | 9069 | 15 | 9167 | 93 | 58 |

## 《 詩 》

| 通　志　堂　經　解 | | | 大通版 | | 漢京版 | | 翁氏目錄 | |
|---|---|---|---|---|---|---|---|---|
| 書　題 | 代 | 作　者 | 冊 | 總碼 | 冊 | 總碼 | 頁次 | 序號 |
| 毛詩指說 | 唐 | 成伯瑜 | 16 | 9103 | 16 | 9201 | 93 | 59 |
| 毛詩本義 | 宋 | 歐陽修 | 16 | 9111 | 16 | 9209 | 93 | 60 |
| 毛詩集解 | 宋 | 李　樗 | 16 | 9217 | 16 | 9315 | 94 | 61 |
| 毛詩名物解 | 宋 | 蔡元度 | 17 | 9865 | 17 | 9963 | 94 | 62 |
| 詩說 | 宋 | 張　耒 | 17 | 9941 | 17 | 10039 | 94 | 63 |
| 詩疑 | 宋 | 王　柏 | 17 | 9947 | 17 | 10045 | 94 | 64 |
| 文公詩傳遺說 | 宋 | 朱　鑒 | 17 | 9969 | 17 | 10067 | 94 | 65 |
| 詩補傳 | 宋 | 失　名 | 17 | 10047 | 17 | 10145 | 94 | 66 |
| 詩集傳名物鈔 | 元 | 許　謙 | 18 | 10389 | 18 | 10487 | 95 | 67 |
| 詩經疑問 | 元 | 朱　倬 | 18 | 10589 | 18 | 10687 | 95 | 68 |
| 毛詩解頤 | 明 | 朱　善 | 18 | 10635 | 18 | 10733 | 95 | 69 |

## 《 春 秋 》

| 通 志 堂 經 解 | | | 大通版 | | 漢京版 | | 翁氏目錄 | |
|---|---|---|---|---|---|---|---|---|
| 書 題 | 代 | 作 者 | 冊 | 總碼 | 冊 | 總碼 | 頁次 | 序號 |
| 春秋尊王發微 | 宋 | 孫　復 | 19 | 10725 | 19 | 10823 | 95 | 70 |
| 春秋皇綱論 | 宋 | 王　晳 | 19 | 10831 | 19 | 10929 | 95 | 71 |
| 春秋傳 | 宋 | 劉　敞 | 19 | 10863 | 19 | 10961 | 96 | 72 |
| 春秋權衡 | 宋 | 劉　敞 | 19 | 10965 | 19 | 11063 | 96 | 73 |
| 春秋意林 | 宋 | 劉　敞 | 19 | 11127 | 19 | 11225 | 96 | 74 |
| 春秋名號歸一圖 | 宋 | 馮繼元 | 19 | 11177 | 19 | 11275 | 96 | 75 |
| 春秋臣傳 | 宋 | 王　當 | 20 | 11203 | 20 | 11301 | 96 | 76 |
| 春秋本例 | 宋 | 崔子方 | 20 | 11355 | 20 | 11453 | 96 | 77 |
| 春秋經筌 | 宋 | 趙鵬飛 | 20 | 11453 | 20 | 11551 | 96 | 78 |
| 石林春秋傳 | 宋 | 葉夢得 | 21 | 11819 | 21 | 11917 | 96 | 79 |

# 《春秋》

| 通志堂經解 | | | 大通版 | | 漢京版 | | 翁氏目錄 | |
|---|---|---|---|---|---|---|---|---|
| 書題 | 代 | 作者 | 冊 | 總碼 | 冊 | 總碼 | 頁次 | 序號 |
| 春秋後傳 | 宋 | 陳傅良 | 21 | 12023 | 21 | 12121 | 97 | 80 |
| 春秋集傳 | 宋 | 呂祖謙 | 21 | 12122 | 21 | 12220 | 97 | 81 |
| 春秋左氏傳說 | 宋 | 呂祖謙 | 22 | 12577 | 22 | 12675 | 97 | 82 |
| 春秋左氏傳事類始末 | 宋 | 章沖 | 22 | 12697 | 22 | 12795 | 97 | 83 |
| 春秋提綱 | 宋 | 陳則通 | 22 | 12858 | 22 | 12956 | 97 | 84 |
| 春秋王霸列國世紀編 | 宋 | 李琪 | 22 | 12922 | 22 | 13020 | 98 | 85 |
| 春秋通說 | 宋 | 黃仲炎 | 23 | 12984 | 23 | 13083 | 98 | 86 |
| 春秋集注 | 宋 | 張洽 | 23 | 13114 | 23 | 13214 | 98 | 87 |
| 春秋或問 | 宋 | 呂大圭 | 23 | 13221 | 23 | 13321 | 98 | 88 |
| 春秋五論 | 宋 | 呂大圭 | 23 | 13398 | 23 | 13497 | 98 | 89 |

## 《春秋》

| 通志堂經解 | | | 大通版 | | 漢京版 | | 翁氏目錄 | |
|---|---|---|---|---|---|---|---|---|
| 書　題 | 代 | 作者 | 冊 | 總碼 | 冊 | 總碼 | 頁次 | 序號 |
| 春秋集傳詳說 | 宋 | 家鉉翁 | 24 | 13411 | 24 | 13511 | 98 | 90 |
| 春秋經傳類對賦 | 宋 | 徐晉卿 | 24 | 13791 | 24 | 13891 | 98 | 91 |
| 春秋諸國統紀 | 元 | 齊履謙 | 24 | 13807 | 24 | 13907 | 99 | 92 |
| 春秋本義 | 元 | 程端學 | 25 | 13855 | 25 | 13955 | 99 | 93 |
| 春秋或問 | 元 | 程端學 | 25 | 14256 | 25 | 14356 | 99 | 94 |
| 春秋集傳 | 元 | 趙汸 | 25 | 14386 | 25 | 14486 | 100 | 95 |
| 春秋屬辭 | 元 | 趙汸 | 26 | 14577 | 26 | 14677 | 100 | 96 |
| 春秋師說 | 元 | 趙汸 | 26 | 14817 | 26 | 14917 | 100 | 97 |
| 春秋左氏傳補注 | 元 | 趙汸 | 26 | 14873 | 26 | 14973 | 100 | 98 |
| 春秋諸傳會通 | 元 | 李廉 | 26 | 14925 | 26 | 15025 | 100 | 99 |

# 《春秋》

| 通志堂經解 | | | 大通版 | | 漢京版 | | 翁氏目錄 | |
|---|---|---|---|---|---|---|---|---|
| 書　題 | 代 | 作者 | 冊 | 總碼 | 冊 | 總碼 | 頁次 | 序號 |
| 春秋集傳釋義大成 | 元 | 俞　皋 | 27 | 15177 | 27 | 15277 | 100 | 100 |
| 讀春秋編 | 元 | 陳　深 | 27 | 15369 | 27 | 15469 | 100 | 101 |
| 春王正月考 | 明 | 張以寧 | 27 | 15477 | 27 | 15577 | 101 | 102 |

# 《 三 禮 》

| 通 志 堂 經 解 | | | 大通版 | | 漢京版 | | 翁氏目錄 | |
|---|---|---|---|---|---|---|---|---|
| 書 題 | 代 | 作 者 | 冊 | 總碼 | 冊 | 總碼 | 頁次 | 序號 |
| 三禮圖集注 | 宋 | 聶崇義 | 28 | 15518 | 28 | 15617 | 101 | 103 |
| 周禮訂義 | 宋 | 王與之 | 28 | 15621 | 28 | 15721 | 101 | 104 |
| 鬳齋考工記解 | 宋 | 林希逸 | 29 | 16409 | 29 | 16509 | 101 | 105 |
| 儀禮圖 | 宋 | 楊 復 | 29 | 16497 | 29 | 16597 | 102 | 106 |
| 禮記集說 | 宋 | 衛 湜 | 30 | 16751 | 30 | 16851 | 102 | 107 |
| 禮經會元 | 宋 | 葉 時 | 33 | 18683 | 33 | 18783 | 104 | 108 |
| 太平經國之書 | 宋 | 鄭伯謙 | 33 | 18825 | 33 | 18925 | 104 | 109 |
| 夏小正戴氏傳 | 宋 | 傅崧卿 | 33 | 18893 | 33 | 18993 | 104 | 110 |
| 儀禮集說 | 元 | 敖繼公 | 33 | 18905 | 33 | 19005 | 104 | 111 |
| 儀禮逸經傳 | 元 | 吳 澄 | 34 | 19363 | 34 | 19463 | 104 | 112 |
| 經禮補逸 | 元 | 汪克寬 | 34 | 19387 | 34 | 19487 | 104 | 113 |

# 《 三 禮 》

| 通　志　堂　經　解 | | | 大通版 | | 漢京版 | | 翁氏目錄 | |
|---|---|---|---|---|---|---|---|---|
| 書　　題 | 代 | 作　者 | 冊 | 總碼 | 冊 | 總碼 | 頁次 | 序號 |
| 禮記陳氏集說補正 | 清 | 納蘭成德 | 34 | 19467 | 34 | 19567 | 104 | 114 |

## 《 孝經 》

| 通志堂經解 | | | 大通版 | | 漢京版 | | 翁氏目錄 | |
| 書　　題 | 代 | 作　者 | 冊 | 總碼 | 冊 | 總碼 | 頁次 | 序號 |
|---|---|---|---|---|---|---|---|---|
| 孝經注解 | 唐 | 玄　宗 | 35 | 19773 | 35 | 19873 | 105 | 115 |
| 孝經大義 | 元 | 董　鼎 | 35 | 19799 | 35 | 19900 | 105 | 116 |
| 孝經定本 | 元 | 吳　澄 | 35 | 19813 | 35 | 19913 | 105 | 117 |
| 孝經句解 | 元 | 朱　申 | 35 | 19789 | 35 | 19889 | 105 | 118 |

# 《論語》《孟子》

| 通志堂經解 | | | 大通版 | | 漢京版 | | 翁氏目錄 | |
|---|---|---|---|---|---|---|---|---|
| 書　題 | 代 | 作者 | 冊 | 總碼 | 冊 | 總碼 | 頁次 | 序號 |
| 南軒論語解 | 宋 | 張　栻 | 35 | 19825 | 35 | 19927 | 105 | 119 |
| 論語集說 | 宋 | 蔡　節 | 35 | 19931 | 35 | 20033 | 105 | 120 |
| 南軒孟子說 | 宋 | 張　栻 | 35 | 20085 | 35 | 20185 | 105 | 121 |
| 孟子集疏 | 宋 | 蔡　模 | 35 | 20261 | 35 | 20361 | 106 | 122 |
| 孟子音義 | 宋 | 孫　奭 | 35 | 20385 | 35 | 20483 | 106 | 123 |

# 《 四書 》

| 通 志 堂 經 解 | | | 大通版 | | 漢京版 | | 翁氏目錄 | |
|---|---|---|---|---|---|---|---|---|
| 書　　題 | 代 | 作 者 | 冊 | 總碼 | 冊 | 總碼 | 頁次 | 序號 |
| 四書纂疏 | 宋 | 趙順孫 | 36 | 20397 | 36 | 20495 | 106 | 124 |
| 四書集編 | 宋 | 真德秀 | 37 | 20951 | 37 | 21049 | 106 | 125 |
| 四書通 | 元 | 胡炳文 | 37 | 21203 | 37 | 21303 | 106 | 126 |
| 四書通證 | 元 | 張存中 | 38 | 21667 | 38 | 21767 | 106 | 127 |
| 四書纂箋 | 元 | 詹道傳 | 38 | 21753 | 38 | 21853 | 106 | 128 |
| 四書通旨 | 元 | 朱公遷 | 39 | 22165 | 39 | 22265 | 107 | 129 |
| 四書辨疑 | 元 | 失　名 | 39 | 22293 | 39 | 22393 | 107 | 130 |
| 學庸集說啓蒙 | 元 | 景　星 | 39 | 22457 | 39 | 22557 | 107 | 131 |

# 《 諸經總類 》

| 通 志 堂 經 解 | | | 大通版 | | 漢京版 | | 翁氏目錄 | |
|---|---|---|---|---|---|---|---|---|
| 書 題 | 代 | 作 者 | 冊 | 總碼 | 冊 | 總碼 | 頁次 | 序號 |
| 經典釋文 | 唐 | 陸德明 | 40 | 22531 | 40 | 22629 | 107 | 132 |
| 七經小傳 | 宋 | 劉 敞 | 40 | 22989 | 40 | 23087 | 107 | 133 |
| 六經奧論 | 宋 | 鄭 樵 | 40 | 23023 | 40 | 23119 | 107 | 134 |
| 六經正誤 | 宋 | 毛居正 | 40 | 23117 | 40 | 23213 | 108 | 135 |
| 經說 | 宋 | 熊朋來 | 40 | 23207 | 40 | 23303 | 108 | 136 |
| 十一經問對 | 元 | 何異孫 | 40 | 23287 | 40 | 23385 | 108 | 137 |
| 五經蠡測 | 明 | 蔣悌生 | 40 | 23355 | 40 | 23453 | 109 | 138 |

# 通志堂經解目錄

## 翁方綱 訂

| 序號 | 書 題 | 翁 方 綱 通 志 堂 經 解 目 錄 |
|---|---|---|
| 1 | 子夏易傳 | 11卷。或云唐張弧撰。 |
| 2 | 易數鉤隱圖 | 3卷。附遺論九事一卷。宋、劉牧撰。以九爲河圖，以十爲洛書。長洲何焯曰此道藏本也。 |
| 3 | 橫渠易說 | 3卷。宋、張載。 |
| 4 | 易學 | 1卷。宋、王湜撰。亦是圖學。 |
| 5 | 紫巖易傳 | 10卷。宋、張浚撰。其第十卷是讀易雜記，何焯曰：明書帕版，恐不足憑。 |
| 6 | 漢上易傳 | 11卷。附卦圖三卷、叢說一卷。宋、朱震撰。震荊門軍人，紹興四年書成，其書以程子易傳爲宗，兼采漢魏以下諸家，謂王弼注雜入莊老爲非，故於象數特詳。何焯曰：卦圖及叢說，西亭王孫鈔本，尚未盡善，其十一卷，影宋本，可据。 |
| 7 | 易璇璣 | 2卷。宋、崇仁布衣吳沆撰。紹興十六年自序，何焯曰：汲古閣，後得舊本，尚有序文，寫樣付東海後人，竟未曾刻，其全書亦尚有訛處，不曾修版。 |

| 序號 | 書　題 | 翁　方　綱　通　志　堂　經　解　目　錄 |
|---|---|---|
| 8 | 周易義海撮要 | 12卷。宋、熙寧閒蜀人房審權，集鄭康成以下至王介甫，易說凡百家，擇取專明人事者，編爲百卷，曰周易義海，至紹興三十年，江都李衡彥平刪之，益以伊川東坡漢上易傳，爲撮要十卷，義海失傳，而是編存。何焯曰：汲古宋本，每首葉有印，其文云：淳熙七年，明州恭奉聖旨敕賜魏王府書籍，謹藏于九經堂，不許借出，其印精工絕倫，宛然筠州學記。 |
| 9 | 易小傳 | 6卷。宋、左僕射吳興沈該撰。紹興二十八年表進之，其書專釋六爻，每卦後爲一論。何焯曰：原本未詳何自。 |
| 10 | 復齋易說 | 6卷。宋、趙彥肅。何焯曰：天乙閣鈔本。 |
| 11 | 古周易 | 1卷。宋、呂祖謙撰。此周易篇次考也。最有關係之書，後有朱子跋。 |
| 12 | 童溪易傳 | 30卷。宋、寧德王宗傳撰。說卦以下，皆有經無傳。何焯曰，汲古宋本，俞石澗收藏，後闕二卷非全書，屢攷其始末，寄來京師，跋中竟 |

- 84 -

| 序號 | 書　題 | 翁　方　綱　通　志　堂　經　解　目　錄 |
|---|---|---|
| | | 未及此。 |
| 13 | 周易裨傳 | 2卷。宋、松江林至撰。至、淳熙閒人，及朱子之門，其上卷論揲蓍，其下卷外篇，論卦變。 |
| 14 | 易圖說 | 3卷。宋、吳仁傑撰。仁傑、淳熙進士，嘗講學朱子之門，此所著圖，全以揲蓍所用言之。 |
| 15 | 易學啓蒙通釋 | 2卷。宋、婺源胡方平撰。至元己丑自序，今所刻淳熙丙午序，乃朱子啓蒙原序也。 |
| 16 | 周易玩辭 | 16卷。宋、項安世撰。安世、字平甫，江陵人。書成於慶元四年，重脩於嘉泰二年，蓋嘗問學於朱子者，其書不全錄經文，摘取經中之辭說之，何焯曰：大江以南，抄本有五部，俱不全，後於李中麓家得殘本，其文獨全，遂成完書。歸安丁杰曰：項安世宜在林至前，吳仁傑亦宜在前。 |
| 17 | 東谷易翼傳 | 2卷。宋、處州鄭汝諧撰〔通志堂原目誤作趙汝諧〕其書止有上下經，全以程傳爲主。何焯 |

| 序號 | 書　題 | 翁 方 綱 通 志 堂 經 解 目 錄 |
|---|---|---|
|  |  | 曰：汲古閣元本，最精。 |
| 18 | 三易備遺 | 10卷。宋、東嘉朱元昇撰。自序在咸淳庚午，其書第一卷言河圖洛書，二卷至四卷言連山，五卷至七卷言歸藏，八卷至十卷言周易。 |
| 19 | 丙子學易編 | 1卷。宋、李心傳撰。其書取王弼、張橫渠、郭子和、伊川、紫陽之說，附以己見，原書十五卷，俞石澗琬節鈔，僅十之一耳，丙子嘉定九年也。 |
| 20 | 易學啓蒙小傳 | 1卷。宋、稅與權撰。與權，字巽甫，魏鶴山弟子。 |
| 21 | 水村易鏡 | 1卷。宋、莆田林光世。 |
| 22 | 文公易說 | 23卷。宋、朱鑒。文公之孫，集語錄爲之，何焯曰：汲古元本，惜有模糊處。 |
| 23 | 大易緝說 | 10卷。元、臨邛王申子巽卿撰。申子，皇慶二年充武昌路南陽書院山長，朱氏經義考列於元人，通志堂原目作宋王申子，非。何焯曰：吳志伊有宋本，屢寄札東海，託其借挍，竟未借 |

| 序號 | 書　題 | 翁方綱通志堂經解目錄 |
|------|--------|---------------------|
|      |        | 來，僅從鈔本付刊。 |
| 24 | 周易傳義附錄 | 14卷。宋、天台董楷正叔。依程傳朱義為之，割裂本義以附程傳，自此書始，楷文天祥榜進士，自序在咸淳丙寅，前有綱領一卷，圖說一卷。 |
| 25 | 周易輯聞 | 6卷。附《易雅》一卷，《筮宗》一卷。宋、汴水趙汝楳。 |
| 26 | 學易記 | 9卷。元、李簡。仿李鼎祚集解，房審權義海之例，採子夏易傳以下六十四家之說，自序在中統元年，前有圖綱領一卷，何焯曰：從李中麓家藏鈔本發刊，後健庵得一元刻書賈偽作劉跂者并假造劉跂序文。健翁云近得劉跂學易，余狂喜叫絕，急索觀之，開卷，即李簡之書也。余云：即宜校正，去偽序并傳，皆未從也。 |
| 27 | 讀易私言 | 1卷。元、許衡。何焯曰：記昔未曾刻。 |
| 28 | 大易集說 | 10卷。按經義考，作四十卷，今以通志堂此刻板心計之，則是十三卷，元·俞琰，號石澗， |

| 序號 | 書　題 | 翁　方　綱　通　志　堂　經　解　目　錄 |
|---|---|---|
| | | 宋末遺老，其書成於元至大閒，敏求記備載其序定篇次之說。何焯曰：此遵王元本，惜屬伊人所校，板心大謬。 |
| 29 | 周易本義附錄纂注 | 15卷。元、新安雙湖胡一桂，取朱子文集語錄之及於易者，附於本義下，謂之附錄取諸儒易說之發明本義者，謂之纂注。 |
| 30 | 周易啓蒙翼傳（附外篇1篇） | 3篇。元、胡一桂。其中篇著古本及諸家本，又及歷代授受，傳注敍錄，雖云略舉所知，然頗足資攷据。下篇著左傳及後人占筮，外篇則焦京以下，太元諸書，至皇極經世也。何焯曰：汲古元本。 |
| 31 | 周易本義通釋 | 12卷。元、新安胡炳文雲峰。自序在延祐丙辰。何焯曰：汲古元本。 |
| 32 | 易纂言 | 13卷。元、吳澄。書成于至治二年秋。 |
| 33 | 周易本義集成 | 12卷。元、南昌熊良輔季重。自序在至治二年五月。 |
| 34 | 周易會通 | 14卷。元、鄱陽董真卿季真。自序在天歷元年 |

| 序號 | 書題 | 翁方綱通志堂經解目錄 |
|---|---|---|
| | | ，前有例目姓氏因革一卷，圖二卷，其姓氏因革頗足以資攷据，此書板心云周易會通，而其每卷題云：周易經傳集程朱解附錄纂注，後學鄱陽董真卿編集，並無會通二字之名，蓋宋朝刊書已有此失矣。 |
| 35 | 易圖通變 | 5卷。元、臨川道士雷思齊。 |
| 36 | 易象圖說 | 6卷。元、清江張理仲純。自序在至正二十四年。何焯曰：道藏本。 |
| 37 | 大易象數鉤深圖 | 3卷。元、張理。何焯曰：道藏本。 |
| 38 | 周易參義 | 12卷。元、新喻梁寅孟敬。自序在後至元六年 |
| 39 | 合訂刪補大易集義粹言 | 80卷。成德編。何焯曰：集義、粹言，本係兩書，兩人所著，今合編之，頗屬杜撰，方綱按：宋陳友文大易集義，撫周、邵、朱子及上蔡、和靖、南軒、藍田、五峰、屏山、漢上、東萊十一家之說，曾穜大易粹言，撫二程、張子及龜山、定夫、兼山、白雲父子七家之說，此 |

| 序號 | 書　　題 | 翁方綱通志堂經解目錄 |
|---|---|---|
| | | 書彙輯成八十卷。凡采十八家之說，而義門以為杜撰，亦過泥矣。又按大易粹言，今攷定是宋方聞一撰，宋史藝文志作曾穜，誤也。 |
| 40 | 書古文訓 | 16卷。宋、永嘉薛季宣士龍撰。純以古字寫之。何焯曰：焦氏家藏宋本，今歸東海。 |
| 41 | 尚書全解 | 40卷。宋、三山拙齋林之奇少穎撰。原闕第三十四卷多方篇，今於永樂大典中得之，鈔補，乃成完書。何焯曰：此書朱子所稱。 |
| 42 | 禹貢論 | 4卷。宋、新安程大昌泰之。淳熙四年六月自序，上進。何焯曰：從天乙閣鈔本，惜乎無圖，應訪有圖者補之。方綱按：今於永樂大典鈔補。 |
| 43 | 增修東萊書說 | 35卷。宋、東萊呂成公。輯書說，自秦誓溯洛誥，未畢而卒，門人清江時瀾，以平昔所聞纂成之。何焯曰：影鈔宋本。 |
| 44 | 尚書說 | 7卷。宋、新昌黃度文叔。何焯曰：明書帕本 |
| 45 | 書疑 | 9卷。宋、金華王柏魯齋撰。多更易經文，蓋 |

| 序號 | 書　題 | 翁方綱通志堂經解目錄 |
|---|---|---|
| | | 并今文而疑之矣。 |
| 46 | 書集傳或問 | 2卷。宋、陳大猷。既集書傳，復自爲或問，同時東陽都昌有兩陳大猷，都昌陳大猷，號東齋，饒雙峰弟子，著書傳會通，仕爲黃州判官，即陳澔之父也；東陽陳大猷，紹興二年進士，官六部架閣，今集傳不可見，而或問猶存，張雲章以集解或問是東陽之書，朱氏經義考，則謂菉竹堂書目，萬卷堂目，皆載尚書集傳一十四冊，未知是誰之書，而鄱陽董氏書纂注，列引用姓氏，於陳氏書集傳注云東齋，則未可定爲東陽而非都昌也。陳氏蔡傳旁通，亦引東齋集傳。何焯曰：汲古元本。 |
| 47 | 禹貢集解 | 2卷。宋、義烏杏溪傅寅撰。此書凡闕四十餘板。何焯曰：宋本。 |
| 48 | 初學尚書詳解 | 13卷。宋、廬陵胡士行。何焯曰：從天乙閣鈔本，通志堂原目無初學二字，杭世駿道古堂文集，有跋謂初學二字不當刪。 |

| 序號 | 書　題 | 翁　方　綱　通　志　堂　經　解　目　錄 |
|---|---|---|
| 49 | 尙書表注 | 2卷。元、蘭谿金履祥撰。王柏弟子也。書之上下四旁皆有識語。何焯曰：金仁山表注名重，而書僅中等，且元刻有殘闕處，補全者未可盡信，是顧湄伊人妄爲補全耳。 |
| 50 | 尙書纂傳 | 46卷。元、梅浦王天與立大撰。何焯曰：李氏元刻，最精。 |
| 51 | 書蔡氏傳輯錄纂注 | 6卷。元、鄱陽董鼎季亨撰。真卿之父。 |
| 52 | 今文尙書纂言 | 4卷。元、吳澄。其卷前序目，即草廬之古今文攷也。 |
| 53 | 書蔡氏傳旁通 | 6卷。元、彭蠡陳師凱。不錄經文，但摘蔡傳語，猶如蔡傳之疏耳，然頗足資攷据。何焯曰：汲古元板。 |
| 54 | 尙書句解 | 13卷。元、廬陵朱祖義子由撰。何焯曰：六經皆有句解，不過節略舊注，非另出手眼者。 |
| 55 | 書集傳纂疏 | 6卷。元、新安陳櫟定宇。何焯曰：汲古元板 |
| 56 | 尙書通考 | 10卷。元、昭武黃鎮成存齋。何焯曰：汲古元 |

| 序號 | 書　題 | 翁方綱通志堂經解目錄 |
|------|--------|----------------------|
|      |        | 刻，惜有闕葉，應為標出。 |
| 57 | 讀書管見 | 2卷。元、吉水王充耘耕野。摘取經語說之。 |
| 58 | 定正洪範集說 | 1卷。元、諸暨胡一中允大。於九疇皆分大禹之經箕子之傳，以斂時五福、至民用僭忒、為九五福六極之傳，以王省惟歲、至則以風雨、為三八政四五紀之傳。何焯曰：汲古元刻，李中麓藏本，中闕一葉，從黃梨洲處補全。 |
| 59 | 毛詩指說 | 1卷。唐、成伯瑜撰。凡四篇，其傳受一篇，足資攷核，唐世說詩，正義而外，傳者惟此書耳，其中尚有闕字，瑜新唐志作璵。何焯曰：李中麓鈔本。 |
| 60 | 毛詩本義 | 15卷。附補鄭氏詩譜一卷。宋、歐陽修。前十二卷，撮篇為論為本義，多規毛鄭之說，其偶從毛鄭者，則於第十三卷取舍義一條中著之，蓋後三卷是總論也。此書召南篇內闕失二十餘行，又此詩譜一卷，當云補鄭氏詩譜，板心云詩本義譜，專系之本義者，非也。目云鄭氏詩 |

| 序號 | 書　題 | 翁方綱通志堂經解目錄 |
|---|---|---|
| | | 譜，又專以歸鄭者，亦非也。何焯云：遵王宋本，伊人校勘未當，深爲可惜。 |
| 61 | 毛詩集解 | 42卷。宋、李樗黃櫄。此書，閩縣李迂仲、龍谿黃實夫二家，卷前各有詳說總論，其卷內，黃氏又引李迂仲說，蓋黃在李後，或是本相續而作，互爲補苴併爲一書，故無合編姓氏也。 |
| 62 | 毛詩名物解 | 20卷。宋、蔡卞。多用王氏字說。 |
| 63 | 詩說 | 1卷。宋、張耒。僅十二條，從宛邱集鈔出。 |
| 64 | 詩疑 | 2卷。宋、金華王柏撰。一名詩辨說。竟欲刪去野有死麕等三十一篇，而退何彼襛矣。甘棠於王風。 |
| 65 | 文公詩傳遺說 | 6卷。宋、朱鑒。文公孫，集語類爲之，自跋在端平二年。 |
| 66 | 詩補傳 | 30卷。題曰逸齋，不著姓名。朱氏經義考，据宋藝文志，作金華范處義紹興中進士也。第三十卷廣詁，足備查檢。南宋之初，最攻序者，鄭樵。最尊序者，范處義也。 |

| 序號 | 書 題 | 翁 方 綱 通 志 堂 經 解 目 錄 |
|---|---|---|
| 67 | 詩集傳名物鈔 | 8卷。元、東陽許謙。敏求記云朱子之學，一傳為何基、王柏，再傳為金履祥、許謙，白雲一代大儒，其於詩專宗朱子，汎掃毛鄭之說，然此書頗有資考据處。何焯曰：汲古舊鈔本。 |
| 68 | 詩經疑問 | 7卷。元、盱黎朱倬孟章撰。此書內閒有有問而無答者，云以俟後人深思也。後附南昌趙悳疑問附編。何焯曰：汲古元板。 |
| 69 | 毛詩解頤 | 4卷。明、朱善撰。善字一齋，豐城人。明洪武初文淵閣大學士。何焯曰：葉九來藏本。 |
| 70 | 春秋尊王發微 | 12卷。宋、孫復撰。明復、嘉祐二年卒，年六十六。作此書時，蓋在天聖閒，唐以前說春秋者，多本三傳，至陸淳，始別出新義，此書本淳意，多與先儒異，此參合三傳本也。 |
| 71 | 春秋皇綱論 | 5卷。宋、太原王晳。至和閒，官太常博士。据三傳注疏及啖趙之說，其缺者，以己意釋之，凡二十三篇。 |
| 72 | 春秋傳 | 15卷。宋、劉敞撰。卷前有春秋傳名氏，自周 |

| 序號 | 書　題 | 翁　方　綱　通　志　堂　經　解　目　錄 |
|---|---|---|
| | | 至宋，凡八十七家，二劉亦在內。 |
| 73 | 春秋權衡 | 17卷。宋、劉敞。何焯曰：孫北海藏宋本，惜未遵行款。 |
| 74 | 春秋意林 | 2卷。宋、劉敞。 |
| 75 | 春秋名號歸一圖 | 2卷。蜀、馮繼元。此書通志堂原目作宋、馮繼先，閻百詩與戴唐器書云繼先，先當作元，僞蜀朝人。宜居宋孫復之首，乃置劉敞之後，何也。何焯曰：海虞某氏家藏宋本。 |
| 76 | 春秋臣傳 | 30卷。宋、眉山王當。元祐閒人。 |
| 77 | 春秋本例 | 20卷。宋、涪陵崔子方彥直。嘗與蘇黃諸君子遊，此書凡十六門，大約以日月時爲例，何焯曰：汲古舊鈔本。 |
| 78 | 春秋經筌 | 16卷。宋、左綿趙鵬飛。經義考列之南宋末。何焯曰：全書從天乙閣鈔來，汲古得李中麓殘本三冊，用以校勘，有整句脫落者，其新鈔皆未愜意，此參合三傳本。 |
| 79 | 石林春秋傳 | 20卷。宋、葉夢得。未有開禧乙丑孫筠及真德 |

| 序號 | 書　題 | 翁方綱通志堂經解目錄 |
|---|---|---|
| | | 秀跋，蓋是識攷傳三書合刻之跋也。此參合三傳本。 |
| 80 | 春秋後傳 | 12卷。宋、陳傅良。從勤德堂刊本鈔寫者也。此書大指詳樓攻媿序，止齋尚有左氏章指一書，應訪求之。此專用左傳本也。 |
| 81 | 春秋集傳 | 30卷。宋、呂祖謙。納蘭容若序疑是呂居仁作，云須得善本有陳邕序者，方可證定之，然其卷內則題曰呂祖謙伯恭，而朱氏經義考則呂本中、呂祖謙二先生名下皆載春秋集解三十卷，蓋即一書而前後誤複耳。今入四庫全書，作呂本中，此專用左傳本。 |
| 82 | 春秋左氏傳說 | 20卷。宋、呂祖謙。 |
| 83 | 春秋左氏傳事類始末 | 5卷。宋、章冲。淳熙十四年，守台州，作目錄，後附錄灾異及事物等，亦有資於查攷。何焯曰：汲古鈔本，原爲姚舜咨所藏。 |
| 84 | 春秋提綱 | 10卷。宋、陳則通。國史經籍志作元人，經義攷亦列於元人內，其書分侵伐、朝聘、盟會、 |

| 序號 | 書　題 | 翁方綱通志堂經解目錄 |
|---|---|---|
|  |  | 雜例四門。 |
| 85 | 春秋王霸列國世紀編 | 3卷。宋、李琪。嘉定辛未七月自序。 |
| 86 | 春秋通說 | 13卷。宋、溫州布衣黃仲炎若晦。紹定三年五月自序。何焯曰：東海先有鈔本，從黃俞邰處來，仍偽書也。後汲古得李中麓所藏影鈔宋本，用以付刊。參合三傳本。 |
| 87 | 春秋集注 | 11卷。綱領一卷。宋、朝奉郎直祕閣清江張洽。元德端平元年九月狀進，元德、朱子門人也。諡文憲。何焯曰：汲古宋板。參合三傳本。 |
| 88 | 春秋或問 | 20卷。宋、溫陵呂大圭。圭叔，人稱樸鄉先生，受業於陳北溪之門人。 |
| 89 | 春秋五論 | 1卷。宋、呂大圭。 |
| 90 | 春秋集傳詳說 | 30卷。綱領一卷。宋、家鉉翁則堂先生。入元，北遷，不屈，放還，此其北遷時作。何焯曰：從天乙閣鈔本。專用左傳本。 |
| 91 | 春秋經傳類對 | 1卷。宋、徐晉卿。何焯曰：汲古李中麓鈔本 |

| 序號 | 書　題 | 翁方綱通志堂經解目錄 |
|---|---|---|
| | 賦 | 。杭世駿曰：此書當入類家，不當列之經解。方綱按：類對賦，北宋皇祐中作，蓋亦以其近於類家，故附置宋末耳，然究不宜入經解也。 |
| 92 | 春秋諸國統紀 | 6卷。元、齊履謙。延祐四年六月自序，凡二十二篇，前有目錄一卷，言所以敘諸國統記之義。何焯曰：汲古元本。顏書最精。 |
| 93 | 春秋本義 | 30卷。元、四明程端學時敘。所採三傳以下之說，凡一百七十六家，自序在泰定四年四月。何焯曰：元刻最精，有句讀圈點抹，因中有闕葉，不敢擅增，句讀圈點，鄙見有無皆照元本，而東海必欲一例，竟未刻句讀點抹，惜哉。方綱按：此書前有問荅通論綱領及點抹例一卷，中有所謂紅黃青黑側截點抹之別，今尙刻於卷前，而其卷內乃不刻之，無怪義門之致惜矣。參合三傳本。參合三傳之書，以此書爲最詳，足資查攷。 |
| 94 | 春秋或問 | 10卷。元、程端學。 |

| 序號 | 書　題 | 翁 方 綱 通 志 堂 經 解 目 錄 |
|---|---|---|
| 95 | 春秋集傳 | 15卷。元、趙汸。專用左傳本　。 |
| 96 | 春秋屬辭 | 15卷。元、趙汸。凡八篇。自序謂筆削之大凡，蓋制作之原也。 |
| 97 | 春秋師說 | 3卷。元、趙汸。至正戊子，述其師黃楚望之說，爲十一篇，又附錄二卷。 |
| 98 | 春秋左氏傳補注 | 10卷。元、趙汸。何焯曰東山春秋諸書名重。 |
| 99 | 春秋諸傳會通 | 24卷。元、盧陵李廉。至正九年七月自序。所編諸傳，据左、公、穀及胡、陳、張，而以胡氏爲主，然所引張洽語，仍即今所見張氏集注，而非張氏之傳，則知張洽集傳其書之佚久矣。參合三傳本。 |
| 100 | 春秋集傳釋義大成 | 12卷。元、新安俞皋撰。其書備載三傳及胡氏傳。參合三傳本。 |
| 101 | 讀春秋編 | 12卷。元、陳深。清全入元不仕，當入宋人，列家鉉翁之後。何焯曰：元人鈔本。參合三傳本。 |

| 序號 | 書　題 | 翁　方　綱　通　志　堂　經　解　目　錄 |
|---|---|---|
| 102 | 春王正月考 | 2卷。明、古田張以甯志道撰。考一卷，辨疑一卷。 |
| 103 | 三禮圖集注 | 20卷。宋、洛陽聶崇義。自周顯德三年奉命參定郊廟器玉，因采鄭康成、阮諶等六家圖刊定，至宋、建隆二年，奏之，竇儼為之序，今通志此刻序無姓名者，即竇序也。而無崇義自序，朱氏經義考尚節錄聶序，蓋舊本有之也。何焯曰汲古宋本，序文稍有訛處，已經改正，書中訛錯亦多，蓋通志堂刻本不依原書款式也。 |
| 104 | 周禮訂義 | 80卷。宋、樂清王與之次點東巖撰。東巖嘗撰周官補遺，摘取五官之屬以補冬官，其說始自臨川俞壽翁廷椿復古編，而東巖與清源邱葵繼之，然東巖所著訂義，則以諸屬仍列五官而為之說也。此書採舊說五十一家，宋儒之說又四十五家，蓋言義理者略備於此。何焯曰：李中麓宋本。 |
| 105 | 鬳齋考工記解 | 2卷。宋、林希逸。每段有圖，雖未極詳博， |

| 序號 | 書　題 | 翁　方　綱　通　志　堂　經　解　目　錄 |
|---|---|---|
| | | 而文頗明顯。何焯曰：汲古宋本，中有闕葉，應訪求補全。 |
| 106 | 儀禮圖 | 17卷。宋、楊復信齋。朱子門人，嘗爲朱子續編儀禮經傳通解。此圖凡二百有五，又旁通圖一卷，分宮廟、弁冕、牲鼎、禮器諸類，爲圖二十有五。陳鱣曰：吳槎客嘗以鮑以文所贈元刻校通志堂刊本。則通志刻本之圖甚謬也。 |
| 107 | 禮記集說 | 160卷。宋、直祕閣崑山衛湜正叔櫟齋。採集漢至宋說禮之言，凡一百四十四家，寶慶二年表進。何焯曰：名重而書平平，又曰：集說從兩鈔本付刻，皆未盡善，伊人分校成部，大有乖誤。後數年，有項氏宋本，爲骨董家所得，中闕十餘卷，其板最精，且多魏鶴山序一首，屢勸東海借校，并補刻魏序，未之從也。其書今在金陵，應物色得之，真至寶也。伊人擅亂補遺卷數，另疏別紙。毛扆汲古閣書目云：禮記集說四十二本，綿紙舊鈔，世無其書，止有 |

| 序號 | 書 題 | 翁 方 綱 通 志 堂 經 解 目 錄 |
|---|---|---|
| | | 此影鈔宋本一部，徐崑山所刻，借此去寫樣，而新刻後半部為顧伊人紊亂次第，幸存此本為正。衛正叔自跋云：紹定辛卯，某備員江東漕笮，大資政趙公善趙公善湘見予集說，欣然捐貲鋟木。次年秋，予秩滿而歸，迨嘉熙己亥，越九年矣。里居需次，搜訪新聞，遇有可採，隨筆補入，增十之三，揭來嚴瀨，別刊此本。庚子六月跋也。所以有卷第幾之後添入幾條者乃趙公刻後所增也。崑山刻書時，下半部乃顧伊人所校對，將後添者移入前去，失之矣。賴此本猶存衛公之舊。方綱按：衛氏此書刻于嘉熙四年庚子，慈溪黃氏日鈔。吳郡衛氏集禮記解，自鄭康成而下，得一百四十六家，惟方氏馬氏陸氏有全書，其餘僅解篇章，凡講義論說嘗及之者，皆取之。其書浩瀚，惟嚴陵郡有官本，此所謂嚴陵郡官本者，即此跋所云庚子六月刊于嚴瀨者是已。 |

| 序號 | 書　題 | 翁　方　綱　通　志　堂　經　解　目　錄 |
|------|--------|--------------------------------------------|
| 108 | 禮經會元 | 4卷。宋、錢唐葉時。官龍圖閣學士，諡文康，與朱子友善，稱竹埜先生，其書凡百篇。 |
| 109 | 太平經國之書 | 11卷。宋、永嘉鄭伯謙撰。其目二十。 |
| 110 | 夏小正戴氏傳 | 4卷。宋、山陰傅崧卿。世所傳夏小正，與大戴傳文合，傅氏始為釐定，以正文居前，以傳列于後。何焯曰：汲古宋人鈔本。 |
| 111 | 儀禮集說 | 17卷。元、福州敖繼公君善。家於吳興，趙孟頫之師也。何焯曰：每卷後有一紙最善，惜尚闕幾卷，失記其詳，應訪求補足。方綱按：此謂其每卷後正誤也。所無者，第一卷士冠，第十一卷喪服，第十五卷特牲饋食，此三卷之末無此正誤耳，此須覓元朝刻本攷之矣。 |
| 112 | 儀禮逸經傳 | 1卷。元、吳澄。經八篇，傳十篇，朱竹垞謂應列於學官。 |
| 113 | 經禮補逸 | 9卷。元、新安汪克寬環谷。鈔合三禮三傳諸經之文，以五禮統之，與草廬之書不侔矣。 |
| 114 | 禮記陳氏集說 | 38卷。成德撰。何焯曰：不足据。方苞曰：張 |

| 序號 | 書　題 | 翁方綱通志堂經解目錄 |
|---|---|---|
| | 補正 | 樸村以爲陸翼王所述，按望溪志樸村之墓云君始以校勘未元經解客徐司寇家。何焯曰：衞正叔禮記集說內補遺在卷數後者；七十三卷玉藻、七十六卷玉藻、七十七卷玉藻、九十三卷樂記、九十四卷樂記、九十六卷樂記、九十七卷樂記、九十九卷樂記。 |
| 115 | 孝經注解 | 1卷。唐、元宗。宋、司馬光、范祖禹。此合明皇注、司馬氏指解、范氏說，爲一書也。丁杰云：明皇所注者今文，司馬氏范氏所解說者古文，如何合爲一書。何焯曰：李中麓本。 |
| 116 | 孝經大義 | 1卷。元、鄱陽董鼎。 |
| 117 | 孝經定本 | 1卷。元、吳澄。即孝經章句。 |
| 118 | 孝經句解 | 1卷。元、朱申。 |
| 119 | 南軒論語解 | 10卷。宋、張栻。乾道九年五月自序。何焯曰：東海從天乙閣鈔來，未可盡信。 |
| 120 | 論語集說 | 10卷。宋、永嘉蔡節。淳祐五年表進。 |
| 121 | 南軒孟子說 | 7卷。宋、張栻。乾道九年十月自序。何焯曰 |

| 序號 | 書　題 | 翁　方　綱　通　志　堂　經　解　目　錄 |
|---|---|---|
| | | ：東海從天乙閣鈔來，即以付刊，後得最精宋本，余勸其校正修板，未從也。 |
| 122 | 孟子集疏 | 14卷。宋、蔡模覺軒。九峰先生沈之子。此書後序在淳祐六年。何焯曰：汲古宋本，最精，尚有論語集疏，應訪求刻之。 |
| 123 | 孟子音義 | 2卷。宋、龍圖閣學士博平孫奭撰。采張鎰，丁公著，陸善經三家音義，可補陸德明經典釋文之闕，非孟子正義之影附者比。閻若璩曰：奭諡宣公，真宗朝名儒，乃置南宋蔡模之後，何也。 |
| 124 | 四書纂疏 | 26卷。宋、格庵趙順孫撰。其書一以朱注為歸。何焯曰：汲古宋本。 |
| 125 | 四書集編 | 26卷。宋、真德秀。何焯曰：李中麓鈔本，惜未盡善。 |
| 126 | 四書通 | 34卷。元、胡炳文。 |
| 127 | 四書通證 | 6卷。元、新安張存中。何焯曰：汲古元本。 |
| 128 | 四書纂箋 | 26卷。元、詹道傳撰。用王魯齋所定句讀。何 |

| 序號 | 書　題 | 翁　方　綱　通　志　堂　經　解　目　錄 |
|---|---|---|
| | | 焯曰：李中麓元本。 |
| 129 | 四書通旨 | 6卷。元、鄱陽朱公遷克升撰。編類之目凡九十有八。 |
| 130 | 四書辨疑 | 15卷。元人、失名。吳中范檢討必英家藏元本也。朱氏經義考云范本是元時舊刻，不著撰人名氏，是偃師陳氏天祥所撰。 |
| 131 | 學庸集說啓蒙 | 2卷。元、餘姚景星訥庵。 |
| 132 | 經典釋文 | 30卷。唐、陸德明撰。釋易、書、詩、三禮、三傳、孝經、論語、爾雅、老、莊，前有序錄一卷，序言癸卯追陳，至德初年也。何焯曰：從遵王鈔本付刊，伊人所校，滿紙皆訛謬，武林顧氏豹文有宋本，屢勸東海借校，未從也。 |
| 133 | 七經小傳 | 3卷。宋、劉敞撰。前世經學，多守注疏，至原甫，始以己意說經，雜釋詩、書、春秋、周禮、儀禮、禮記、論語，異於諸儒之說，王荊公修經義蓋本於此。 |
| 134 | 六經奧論 | 6卷。宋、鄭樵。黎溫序云：是鄭樵，唐荊川 |

| 序號 | 書　　題 | 翁 方 綱 通 志 堂 經 解 目 錄 |
|---|---|---|
| | | 稗編從之，朱氏經義攺列入無名氏，云其書議論與通志略不合，且漁仲上書自敍所撰經說，無此書名。 |
| 135 | 六經正誤 | 6卷。宋、毛居正撰。訂易、書、詩、禮記、周禮、春秋三傳字體之誤，居正，衢州人，毛晃之子。何焯曰：焦氏宋本。 |
| 136 | 經說 | 7卷。宋、南昌熊朋來撰。易、詩、書、春秋、儀禮、周禮、大小戴記、及雜說也。何焯曰：其人博雅。 |
| 137 | 十一經問對 | 5卷。元、何異孫撰。設爲疑問，如策對也。書、詩、春秋、三禮、論語、孝經、學庸、孟子、無周易。敏求記云：禮記中大學、中庸兩篇，河南始分爲二書，而此已與禮記列爲三經矣。何焯曰：汲古元刻付刊，惜缺序文，後汲古復得一本，序文特全，寫刻樣付京，竟未曾刻。陳鱣曰：此所謂後一本者，亦元刊。今爲鮑以文所收，以校崑山刻本，補其缺矣。 |

| 序號 | 書　題 | 翁　方　綱　通　志　堂　經　解　目　錄 |
|------|--------|-----------------------------------------|
| 138 | 五經蠡測 | 6卷。明、福寧蔣悌生仁叔。自序在洪武三年，闕禮記，實四經耳。春秋一卷亦甚少。 |

# 翁 方 綱 後 記

　　凡一百三十八種。丁杰曰：大約東海此書之刻，爲一時好名之計，非實好古也。陸清獻云差強人意，亦爲虛譽。此目，義門先生手勘者，沈椒園先生嘗鋟板，昔與小疋進士共相商確，謂東海門客固多舛謬，而義門所勘，特隨手校閱，亦有所未盡，宜取原書細核，而未暇也。至庚戌十月，予臥痾五旬不出戶，始取原書審核，爲之迴憶與小疋對論時，又十年矣。辛亥冬十二月，自沇州按試還濟南，擬與學官弟子切究經訓諸書，因鋟板以當舉隅，不足以視博洽之士也。北平翁方綱記。